1921-2021
厦门大学
XIAMEN UNIVERSITY

厦门大学百年校庆系列出版物

百年院系史系列

厦门大学
继续教育学院院史

主　编　邱旺土　夏侯建兵

厦门大学出版社 XIAMEN UNIVERSITY PRESS | 国家一级出版社 全国百佳图书出版单位

图书在版编目(CIP)数据

厦门大学继续教育学院院史/邱旺土，夏侯建兵主编.—厦门：厦门大学出版社，2021.3
(百年院系史系列)
ISBN 978-7-5615-7973-2

Ⅰ.①厦… Ⅱ.①邱… ②夏… Ⅲ.①厦门大学继续教育学院—校史 Ⅳ.①G649.285.73

中国版本图书馆CIP数据核字(2020)第223574号

出 版 人 郑文礼
责任编辑 冀 钦 廖婉瑜
封面设计 李嘉彬
技术编辑 朱 楷

出版发行 厦门大学出版社
社 址 厦门市软件园二期望海路39号
邮政编码 361008
总 机 0592-2181111 0592-2181406(传真)
营销中心 0592-2184458 0592-2181365
网 址 http://www.xmupress.com
邮 箱 xmup@xmupress.com
印 刷 厦门集大印刷厂

开本 720 mm×1 000 mm 1/16
印张 10.5
插页 2
字数 183千字
版次 2021年3月第1版
印次 2021年3月第1次印刷
定价 52.00元

厦门大学出版社
微信二维码

厦门大学出版社
微博二维码

本书编委会

- 主　编：邱旺土　夏侯建兵
- 编　委：（按姓氏笔画排序）

李舟洁　李金水　杨建铸

杨鸿飞　肖　佳　邱旺土

郑文礼　郑晓霞　夏侯建兵

郭如梅　郭曾擎　黄明伟

廖雪洁

总 序

厦门大学 党委书记 张 彦
校 长 张 荣

2021年4月6日，厦门大学百年华诞。百载风雨，十秩辉煌，这是厦门大学发展的里程碑，继往开来的新起点。全校师生员工和海内外校友满怀深情地期盼这一荣耀时刻的到来。

为迎接百年校庆，学校在三年前就启动了“百年校庆系列出版工程”的筹备工作，专门成立“厦门大学百年校庆系列出版物编委会”，加强领导，统一部署。各院系、部门通力合作，众多专家学者和相关单位的工作人员全身心地参与到这项工作之中。同志们满怀高度的责任感和紧迫感，以“提升质量，确保进度，打造精品”为目标，争分夺秒，全力以赴，使这项出版工程得以快速顺利地进行。在这个重要的历史时刻，总结厦大百年奋斗历史，阐扬百年厦大“四种精神”，抒写厦大为伟大祖国所做出的突出贡献，激发厦大人的自豪感和使命感，无疑是献给百岁厦大最好的生日礼物。

“百年校庆系列出版工程”包括组织编撰百年校史、百年组织机构史、百年院系史、百年精神文化、百年学术论著选刊、校史资料与学生名录……有多个系列近150种图书将与广大读者见面。从图书规模、涉及领域、参编人员等角度看，此项出版工程极为浩大。这些出版物的问世，将为学校留下大量珍贵的历史资料，为学校深入开展校史教育提供丰富生动的素材，也将为弘扬厦门大学“自强不息，止于至善”校训精神注入时代的新鲜血液，帮助人们透过“中国最美大学校园”

的山海空间和历史回响，更加清晰地理解厦门大学在中国发展进程中发挥的独特作用、扮演的重要角色，领略“南方之强”的文化与精神魅力。

百年校庆系列出版物将多方呈现百年厦大的精彩历史画卷。这些凝聚全校师生员工心血的出版物，让我们感受到厦大人弦歌不辍的精神风貌。图文并茂的《厦门大学百年校史》，穿越历史长廊，带领我们聆听厦大不平凡百年岁月的历史足音。《为吾国放一异彩——厦门大学与伟大祖国》浓墨重彩地记述厦门大学与全国34个省级行政区以及福建省九市一区一县血浓于水的校地情缘，从中可以读出厦门大学在中华民族伟大复兴征程中留下的深深烙印。参与面最广的“厦门大学百年院系史系列”、《厦门大学百年组织机构史》，共有30多个学院和直属单位参与编写，通过对厦门大学各学院和组织机构发展脉络、演变轨迹的细致梳理，深入介绍厦门大学的党建工作、学科建设、人才培养、组织管理、社会服务等方面的发展历程，展示办学成就，彰显办学特色。《厦门大学校史资料选编（1992—2017）》和《南强之星——厦门大学学生名录（2010—2019）》，连同已经出版的同类史料，将较完整、翔实地展现学校发展轨迹，记录下每位厦大学子的荣耀。“厦门大学百年精神文化系列”涵盖人物传记和校园风采两大主题，其中《陈嘉庚传》在搜集大量史料的基础上，以时代精神和崭新视角，生动展现了校主陈嘉庚先生的丰功伟绩。此次推出《林文庆传》《萨本栋传》《汪德耀传》《王亚南传》四部厦门大学老校长传记，是对他们为厦大发展所做出的突出贡献的深切缅怀。厦大校友、红军会计制度创始人、中国共产党金融事业奠基人之一高捷成的传记《我的祖父高捷成》，则是首次全面地介绍这位为中国人民解放事业做出杰出贡献的烈士的事迹。新版《陈景润传》，把这位“最美奋斗者”、“感动中国人物”、令厦大人骄傲的杰出校友、世界著名数学家不平凡的人生再次展现在我们眼前。抒写校园风采的《厦门大学百年建筑》、《厦门大学餐饮百年》、《建南大舞台》、《芙蓉园里尽芳菲》、《我的厦大老师》（百年华诞纪念专辑）、《创新创业厦大人2》、

《志愿之光》、《让建南钟声传响大山深处》、《我的厦大范儿》以及潘维廉的《我在厦大三十年》等，都从不同的角度，引领我们去品读厦门大学的真正内涵，感受厦门大学浓郁的人文精神和科学精神。

此次出版的“厦门大学百年学术论著选刊”，由专家学者精选，重刊一批厦大已故著名学者在校工作期间完成的、具有重要价值的学术论著（包括讲义、未刊印的论著稿本等），目的在于反映和宣传厦门大学百年来的学术成就和贡献，挖掘百年来厦门大学丰厚的历史积淀和传统资源，展示厦门大学的学术底蕴，重建“厦大学派”，为学校“双一流”建设提供学术传统的支撑。学校将把这项工作列入长期规划，在百年校庆时出版第一辑共40种，今后还将陆续出版。

“自强！自强！学海何洋洋！”100年前，陈嘉庚先生于民族危难之际，抱着“教育为立国之本，兴学乃国民天职”的信念，创办了厦门大学这所中国历史上第一所由华侨独资建设的大学。100年来，厦大人秉承“研究高深学术，养成专门人才，阐扬世界文化”的办学宗旨，在实现中华民族伟大复兴的征程上书写自己的精彩篇章。我们相信，当百年校庆的欢庆浪潮归于平静时，这些出版物将会是一串串熠熠生辉的耀眼珍珠，成为记录厦门大学百年奋斗之旅的永恒坐标，成为流淌在人们心中的美好记忆，并将不断激励我们不忘初心继承传统，牢记使命乘风破浪，向着中国特色世界一流大学目标奋勇前行！

张彦　张荣

2020年12月

厦门大学百年院系发展概述

朱水涌

100年在历史长河中只是短暂的一瞬，但对于一所中国现代大学以及这所大学的学院科系来说，则意味着经历过极不平凡的历程。百年学府沧桑、十秩院系辉煌，为迎接厦门大学建校百年华诞，学校决定编撰出版“厦门大学百年院系史”系列，梳理淬炼院系的建设发展历程，以史为鉴，彰往考来，将院系的昨天、今天与明天联系在一起，发扬踔厉，这是一件极富建设意义与厦大特色的历史性工程。

一

20世纪初的中国，正如校主陈嘉庚所言：“吾国今处在列强肘腋之下，成败存亡千钧一发。”就在这千钧一发之际，为救国而创办大学成为一道时代的特别风景。马相伯因“慨自清廷外交凌智”而创办震旦学院（复旦前身）[①]，南开大学的创办者因国家的“贫弱”是因为“教育未能发展”而创立南开[②]，唐文治执掌交通大学砥砺第一等人才，目的就是“宏济艰难，救我中国”[③]。厦门大学校主陈嘉庚则在《筹办厦门大学演讲词》中直截了当地指出：“今日国势危如累卵，所赖以维持者，惟此方兴之教育与未死之民心耳。”出自民族救亡而诞生的中国现代大学，在她向欧美学习现代大学的办学时，一开始便融入了民族救

① 《复旦大学百年志》编纂委员会：《复旦大学百年志（1905—2005）》，复旦大学出版社2005年版，第9页。

② 《南开大学校史资料选》，南开大学出版社1989年版，第12页。

③ 唐文治：《上海交通大学第三十届毕业典礼训词》，载《茹经堂文集》三编卷一。

亡图存的历史内涵和办学志向，民族振兴的需求与国家最需要的人才，成了中国现代大学初创时学科与专业设置的重要出发点，呈现出中国现代大学鲜明的中国特色。这里，当年的创办者与一校之长的救国思想与办学理念产生了重要作用。

厦门大学创校时期选择的教学体制沿用了近代英国大学学制，但在科系组成与学科设置上却没有完全按英国大学的体制与模式，与民国时期的各大学一样，当时并没有很强的专业观念，而依照时代与国家的急需人才设立科系。厦大建校初期，科系成型时的学科最初形态是文科设8个系，理科设6个系，工科归理科，其中的教育、工、商、新闻，都是那个危机时代国家急需人才的学科。

1930年2月，在通过国民政府大学院立案后两年，厦门大学遵照国民政府教育部令，将“科”改为学院，设5个学院21个学系。至此，经过近10年的建设，厦门大学具备了较为完备的院系体制，开始以院系这样一种与世界接轨的基本单元建构教学科研体制，开展“研究高深学术，培养专门人才，阐扬世界文化”，厦大的多学科性业已形成。

1929年，世界经济危机爆发，陈嘉庚公司每况愈下，1934年1月公司被迫收盘。这期间虽然有厦大教职员的半年捐薪活动，有陈嘉庚的“出卖大厦办厦大”惊世壮举，厦门大学的办学经费还是难以为继。在此情况下，厦大及时调整院系结构，以系科合并的方式突围经济上的窘迫，推进学科的艰辛运转。至私立时期的最后几年，全校5个学院压缩成文学、理学、法商3个学院，21个系经合并与撤销浓缩为9个学系。尽管这种合并是无奈之举，从数字上看办学规模是缩小了，但这次的学科浓缩却无意中为学科的整合、为打破欧美当年系科划分过细的弊端打下了基础。

建校时期厦门大学的院系建设与学科发展，按国民政府大学院调查专家的看法，在全国高校中有“方之他处，有过无不及”[①]的优势。这一时期，林文庆主持制定的《厦门大学校旨》（以下简称《校旨》）明确指出：“本大学之主要目的，在博集东西各国之学术及其精神，以研究一切现象之底蕴与功用，同时并阐发中国固有学艺之美质，使之融会贯通，成为一种最新最完善之文化。”《校旨》从大学文化的建构出发，鲜明地提出厦门大学办学的理念与目标。与这个理念和目标相联系，厦大初期的院系与学科、专业的建设，有如下几个特点：

---

① 《厦门大学十周年纪念刊》（1931年4月），载《厦门大学校史》第1卷，厦门大学出版社1987年版，第94页。

其一是注重“功用”,“切于实用”,培养国家、民族稀缺人才。《校旨》提出教学“以切于实用,造就应用科学人才为前提”。建校初期,教育学占有举足轻重的位置,原因如《校旨》所言:“我国目下师资及教育专门人才甚为缺乏,故对于教育系特加注意,以期养成良好师资及教育界领袖,因以提高一般教育之程度。”[①]陈嘉庚的信念是“国家之富强,全在乎国民,国民之发展,全在乎教育”[②],他办厦门大学一个重要的担当就是要纠正当年教育的“偏估”与“颓风”,解决中国教育缺乏新知识新思想师资的问题,以免“国粹日稀,精神日减,必至无救药之惨痛”。厦大商学与工学的较早创设与运行,也都体现了这样一种办学理念。这个特点,奠定了厦门大学从国家需要建设专业发展学科的厚重底色。

其二是博集东西精神、阐发中国学艺之美质、“研究高深学术”的学科特色。厦大成立时,《厦门大学组织大纲》明确表明厦大的三大任务之一是研究高深学术。林文庆在《校旨》中具体指出要建设科学研究机关,厦大要“成为我国南部之科学中心点”[③];院系体制形成后,厦大各学院在其“学院学则”的第一条“宗旨”中都一致性地提出“以培养专门人才,研究高深学术为宗旨”[④],这表明厦大建校初期就具备浓厚的学科建设意识。而且,在西学东渐、中西文化激烈论争与冲突的情势下,厦大独到地提出“阐发中国固有学艺之美质”和“首重国文”的主张,这也就形成了厦门大学学科建设中注重本土资源与文化精神的中国特色。文科的国学研究与理科的生物学研究是这方面的范例。1926年创建的国学研究院被认为是“大有北大南移之势”,是当年全国国学研究的中心之一。其影响不仅在于大师云集、研究规划与实际成果,更重要的是厦大国学研究体现了五四时期“重估价值”的精神,它的学科新范畴,研究问题的新方法、新史料和新观点,代表了五四之后国学研究的新趋势。植物系与动物系同样引起全国乃至世界的关注,尤其是结合本土地理优势的海洋生物研究更是锋芒毕露。1923年厦大美籍教授莱德的论文《厦门大学附近之文昌鱼渔业》在国际顶尖科学期刊 *Science* 上发表,成为中国高校最早在 *Science* 上发表的研究成果之一,引起国际学术界瞩目。鉴于海洋生物学科的成果,中央研究院及太平洋科学学会,特别委托厦门大学建立海洋生物研究室。与此同时,

---

① 《厦门大学校史》第1卷,第26页。

② 陈嘉庚:《筹办厦门大学演讲词》,载《新国民日报》1920年11月30日。

③ 《林文庆校长报告》,载《厦门大学民国十年度报告书》,1922年。

④ 《厦门大学一览》(1935—1938年度),载《厦大校史资料》第1辑,厦门大学出版社1987年版,第66页。

厦大的动植物标本的数量与丰富多样在全国领先。

其三是开放性的院系学科构成与人才培养学制。在中国高等教育滥觞时期，中国的大学虽然学的是西方体制，但中国文化原本就缺乏精确细致的分类，对事物不那么条分缕析，而且大学刚刚兴起，很多学科、专业更是因国家需要而设置而存在，大学的一切都在尝试与践行当中，这也就带来了中国现代大学院系学科设置上的开放性。厦大私立时期四次较大的院系变动与学科设置，就可以清楚地看到这个现象。院系设置与专业、学科结构的不断变动，实际上对打破学科体制的僵化是有驱动力的，它为以后厦大百年发展中院系所面临的不断调整、不断改革奠定基础。

在人才培养上，厦门大学"虽为厦门大学，实为世界之大学"①，一开始就招收大量的东南亚华侨子女和朝鲜国学生，颇具开放性。这所地处东南沿海一隅的大学却坚持要"使本校之学生虽足不出国外，而其所受之教育，能与世界各大学相颉颃"②，除不惜重金聘任国内外特别是世界名牌大学经历的名师学者外，在教学体制上，厦门大学沿用英国近代大学学制，本科修业 4 年，以修满 150 学分(绩点)并通过毕业论文及有关实验为毕业，各院各系实行课程交叉的修课计划，注重了知识结构的多元化。打破课程的专业界限，这样一种强调博集东西学术，打通院系界限学科界限的修学制度，实际上更吻合现代大学的人才培养规律。

厦门大学建校初期 16 年间，其"切于实用"的人才培养方针，"研究高深学术"的学科特色，院系学科结构与教学体制的开放性，不仅是时代的产物，也是百年厦门大学的宝贵珍藏，在百年厦大的院系建设发展中体现了一所名校的潜在发展实力，不仅为厦大创建"世界之大学"目标打下了坚实的基础，而且在学科的发展上为一流学科的发展奠定了先天优势。

二

1937 年 7 月 1 日，私立厦门大学正式改为国立厦门大学。7 月 6 日，国民政府行政院任命清华大学萨本栋教授出任厦门大学校长。7 月 7 日，抗战全面爆发。12 月，日寇兵临厦门，厦门大学内迁山城长汀，坚持在烽火硝烟中办

---

① 《林文庆先生在中华俱乐部之演说词》，载《南洋商报》1925 年 2 月 2 日。

② 《林文庆校长报告》，载《厦门大学民国十年度报告书》，1922 年。

学,“单独担负铁路线(粤汉铁路)以东国立最高学府的全付责任”[①],成为加尔各答以东最逼近战场的学府,肩起中国高等教育的东南半壁江山。由此开始到 1949 年新中国成立,这是厦门大学的国立时期。

抗战时期,在极其艰难困苦的条件下,萨本栋校长抱着“在艰危中”“不负嘉庚先生毁家兴学及政府将厦大收归国立之至意”的意志[②],以自己的未雨绸缪和身体力行,推进拓展厦门大学的院系与学科建设,赢得了战争中“国魂所托的事业”[③]的重大发展。

作为坚守在战区的最高国立学府,在战争中自觉担负起为战后的祖国建设培养与储备人才的使命,这成了厦大院系与学科建设的出发点与目的地。萨本栋说:“吾人应知此次战争,关系数千年固有文化之持续,将来永固国基之奠定者至巨。”[④]置身残酷的战争中,厦大想的是战后建设所需的大量“永固国基”的人才。据当年的新闻媒体报道,厦大筹备设立水产研究室,是为了“战后东南沿海水产研究之总框”[⑤];增设外国文学系与法律系司法组,“以应目前全面反攻及将来建国之需要”[⑥]。

这种穿透硝烟的未雨绸缪,更体现在厦门大学工科院系的创设与发展上。厦大工科开始于 1922 年,在 1930 年科改系后,工科已悄然消失。萨本栋来自清华大学,自己又是著名的电机专家,他对工科建设既熟悉又有主见,从战后建国的急需出发,工科人才显然要比其他学科人才需求更迫切、需求量更大,萨本栋决定补齐厦大学科上的工科短板。

1938 年 7 月,厦大创设土木工程系,到 1941 年秋季,萨本栋校长就很自豪地说:“现在土木系设备,固尚未达到我们理想的境地,但教师则已充实到可以与国内任何大学相颉颃。”[⑦]这个科系,为战后中国大规模的基础设施建设培养了大批人才。1940 年秋季,在土木工程大力扩展的同时,萨本栋又创设机电工程系。机电工程系创立后,理学院扩充为理工学院。1944 年 4 月,创建航空工程系,厦大成为全国最早开办航空专业本科教育的少数高校之一,培

---

① 《萨本栋开学词》,载《厦大通讯》第 3 卷第 10 期,1941 年 10 月 25 日。

② 萨本栋:《勖勉同学词》,载《唯力》旬刊第 3 期,1938 年 4 月 3 日。

③ 萨本栋:《勖勉同学词》,载《唯力》旬刊第 3 期,1938 年 4 月 3 日。

④ 萨本栋:《“七七”二周年纪念与节约运动》,载《唯力》第 2 卷第 7/8 期合刊,1938 年 7 月 7 日。

⑤ 《母校设立水产研究室》,载《厦大通讯》第 6 卷第 1 期,1944 年 3 月 31 日,

⑥ 《厦大增设外语、司法等系组》,载南平《东南日报》1945 年 8 月 4 日。

⑦ 《萨本栋开学词》,载《厦大通讯》第 3 卷第 10 期,1941 年 10 月 5 日。

养出像中国工程院院士张启先这样一批优秀的中国早期航天航空专家。

1945年12月厦大复员厦门，汪德耀已接掌厦大。这期间院系与科建设的最大事件是1946年夏季海洋学系与中国海洋研究所的创办。海洋学科创立于天时地利人和之中：抗战胜利后海洋与海权重要性凸显，复员厦门后的东南沿海地理环境优势，校主陈嘉庚“力挽海权，培育专才”的誓言与著名海洋学家唐世凤博士的加盟，共同促成了中国第一个海洋学系诞生，同时，厦大与中英文教育基金会合办的中国第一个海洋研究所也在厦大成立，厦大的海洋观测站也获准设立。由此，厦门大学在全国率先开始了“谋中国海洋科学事业之发展”“研究与教育并重”的造就培养海洋人才的行动。

国立时期文科的发展以复办法学为主要标志。厦大的法学，最早创立于1926年6月，1937年改归国立后，法律系奉命撤销，法学学科停办。到1940年，由于国民政府教育部不同意建立福建大学，并将已经开学的福建大学法学院并入厦门大学，这样，战火中的厦大法学学科就在接收福建大学法学院的契机中复办起来。

在人才培养理念与培养模式上，萨本栋取的是美国芝加哥大学的通识教育思想和从清华带过来的通识教育理念，遵循梅贻琦的“通识为本，专识为末”[①]教育思想制定校制、设置课程，实行强化通识基础与打通学科界限的修学制度，实施教授全力上课制度。他要求即使在战争中，也要坚持“未到‘最后一课’的时候，应加紧研究学术与培养技能”[②]，他提出，“现在不是个推诿责任的时代”，“需一身肩负二人之重任，一日急二日之操作”[③]，以不辜负陈嘉庚先生的期待，不辜负国家事业所托。比如新成立的机电工程系系主任李家炘教授，据统计最高一学期每周上课达81课时，每周最高达1725人时。这时期的厦大学生则“把战区当课堂，把笔杆当枪杆”，越是艰难越是坚韧学习。在1940年与1941年国民政府教育部举行的两次专科以上学生学业竞赛中，获奖总数与获奖系数的比例评定，均名列全国第一。

从抗战全面爆发到复员厦门，在极其艰危的战争环境与艰苦的复员中，厦门大学的院系建设不仅没有停顿，而且还得以有力扩充，院系规模与学科发展都有历史性的突破，多科性大学已然向综合性大学迈进，也因此开始确立厦门

① 梅贻琦：《大学一解》，载《清华学报》第13卷第1期，1941年4月。

② 萨本栋：《勖勉同学词》，载《唯力》旬刊第3期，1938年4月3日。

③ 萨本栋：《“七七”二周年纪念与节约运动》，载《唯力》第2卷第7/8期合刊，1939年7月7日。

大学位居全国高等教育前列的位置。更重要的是这一时期积淀下来的办学精神，那种由战争烽火淬炼出来的自强、坚韧与艰危中担当重负的使命感，为厦门大学的发展积累了一份极宝贵的精神财富。

三

1949 年 10 月 1 日，中华人民共和国成立，人民当家做主的时代开始。10 月 17 日，厦门解放，厦门大学迎来了办学史上的新纪元。1949 年 10 月 21 日，中共厦门市委在厦大建立中共厦门大学支部。不久，在原有基础上设立中共厦门大学党组。1950 年 5 月，中华人民共和国政务院任命著名经济学家、曾任厦门大学法学院院长的王亚南为厦门大学校长。

1952 年 6 月，中共福建省委派 15 名党的干部到厦大，7 月，中共福建省委决定程璐任中共厦大临时党委书记，党在学校的领导得以体现与加强；1953 年 1 月，厦门大学成立校务委员会，标志着学校由“校长负责制”开始向“党委领导下的校长负责制”过渡。这一年，符合条件的科系先后成立党支部。1955 年 1 月召开中共厦门大学第一次代表大会，成立中共厦门大学党委会，之后，各系先后建立系党总支，直到 1999 年校院二级管理体制改革时，党总支、党支部为厦门大学各科系的最直接领导，保证科系建设与学科发展的正确方向和健康发展。

新中国成立后，在东西方意识形态冷战的背景下，中国大学放弃对西方欧美的学习，而强调向“苏联老大哥”学习。1952 年，中央提出高等教育“发展专门学院和专科学校，整顿和加强综合大学”的方针，并学习苏联高校模式，进行大规模的院系调整。从 1952 年到 1955 年底，厦门大学在调整中从多学科大学向文理科综合大学转变，被确定为华东四所综合性大学之一。

1952 年 8 月，一年前刚刚由省立并入厦大并改名的厦大农学院奉命与福州大学农学院合并为福建农学院；9 月，厦大海洋系一分为三，厦大航海专修科与集美水产商船专科合并成立福建航海专科学校，之后再分别归入大连海运学院与上海海运学院；海洋系理化组并入山东大学，与山东大学海洋学科建立海洋系，发展为山东海洋学院，即后来的青岛海洋大学；为保存厦大发展海洋学科的力量，厦大成立海洋生物研究室，将海洋生物组的骨干教师与标本留在厦大，聘郑重教授为研究室主任。1953 年 7 月，厦大又奉命将工学院的土木、电机、机械 3 个系及土木专修科调整到浙江大学、南京工学院和华东水利学院，将企业管理并入上海财经学院，法学院归入华东政法学院。1954 年 7

月，厦大教育系调整到福建师范学院；8 月俄语专修科部分师生并入南京大学。

在此调整中，厦门大学文理科也有所壮大。1951 年私立福建学院的政治、法律、经济归并到厦大。1952 年福州大学财经学院的会计、贸易、财金、统计、企业管理 5 个系并入厦大财经学院，并增加贸易专修科。1953 年，福州大学文理两院的中文、外文、历史、数学、物理化学、生物学 6 个系也奉命并入厦门大学。1955 年，厦大奉命停办统计、会计、财金、贸易 4 个系，改在经济系之下设政治经济学、统计学、会计学、货币与信贷、贸易 5 个专业。

从历史现场上看，大规模院系调整是新中国改造旧教育制度、建立新教育体制的战略措施，这是中华人民共和国教育史上一个重要事件。这场调整既为厦大文理科综合大学模式打下基础，也一定程度上削弱了厦大综合性大学的实力，厦大一些经营多年而形成厦大特色的院系、学科被调整出去，充实其他高校乃至成为新学校成立的基础。厦大在为国家做出贡献的同时，也造成基础学科与应用学科的相互分离，综合性大学学科交叉渗透的优势也受到一定的损失。

院系调整后，苏联高等教育的专业制度也随之取代了中国大学的院系体制。新中国成立之前的大学一般只设学科不设专业，学科业务范围要比专业宽阔，但专业有利于针对性培养专门人才，培养目标十分专一。为贯彻专业人才培养目的，厦门大学院级建制最后被正式撤销，实行以系为教学单位，系内设若干专业，形成按专业培养人才的办学模式。到 1958 年，全校设 8 个系 16 个专业，并设 16 个专门化科目。

这一时期，教育部确定厦门大学发展方向为“面向东南亚华侨，面向海洋”，要求各专业各教研组加强与南洋、台湾、海洋及本地特点有关的各种问题研究。王亚南校长对厦大的综合性大学也提出新的目标定位，他说：“今天我们所在的学校是个综合性大学，不是工业大学、农业大学，而是综合性大学，不同地方是培养目标不同。工农科培养工农业所需技术人才，师范培养教师，综合性大学主要是培养研究人员，科学研究人员。”他对学生说：“你们将来就是要培养成为科学家。”[①]这样的办学方向与文理综合性大学的形成，明确指明科学研究是厦大办学的重要任务，学科建设水平成为办学水平的重要表现。

由此，在那个以专业为主的发展时期，厦门大学依然将研究机构建设与学科建设发展当成院系建设的重要内容。

---

① 王亚南：《怎样做一个大学生》，录自厦门大学校办档案 56-11。

王亚南校长抵达厦大后，首先恢复和建立研究机构，成立了经济研究所、化学研究所和南洋研究馆（1963 年升格为教育部部属研究所）、人类博物馆，文科理科各学院普遍成立研究室。这时福建研究院社会科学研究所也奉命归并厦大，充实了厦大文科主要是经济学科的研究实力。

这一时期，经济学科开始成为全国的翘楚学科。从 1946 年王亚南的《中国经济原论》研究被誉为“中国式的《资本论》”开始，厦门大学“以中国人的资格研究政治经济学”的独特学派开始形成。1950 年王亚南执掌厦大后，建立厦大财经学院，创办全国第一个经济研究所，这是当年全国高校最新经济学教学科研建制。院系调整中财经学院被撤销。1958 年 9 月，中国经济问题研究所成立，并创办中国第一家全国性经济学刊物《中国经济问题》。这个时期，经济学各学科研究全面展开，在《资本论》研究、社会主义所有制研究、会计、统计、财政学方面的研究，成绩斐然，为全国瞩目，奠定了经济学迈向一流学科的坚实基础。

化学为厦大理科中最早的学科之一，展示着一流学科的形象。1939 年，傅鹰博士受聘厦门大学并任教务长兼理学院院长，他给厦门大学带来了化学正在从经典的统计热力学深化为理论化学、结构化学的最新发展信息与理论，从而让厦大化学学科及时捕捉到量子化学、量子力学的发展，跟上世界潮流。自此，化学学科的发展呈现云帆济海之势。新中国成立后，催化的研究与应用、海洋化学分析成果显著，电化学研究、物质结构研究、有机物电极、电分析和有机物点解制备也都在学术界崭露头角。1972 年，蔡启瑞教授与唐敖庆、卢嘉锡两教授联袂承担国家重大基础理论研究课题化学模拟生物固氮研究，与国际同步攻关世界理论难题，成果受到国际同行的赞赏。这个时期的厦大化学，已具备国内一流、国际具有重要影响的学科声望。

除此，海洋生物研究，生物系在金定鸭研究及北京鸭与金定鸭的杂交研究，半导体物理、半导体化学、植物生物学以及数学等方面的基础理论研究，都有全国性影响。理科各系与福建省其他单位联办建立的 8 个新的研究所，有效地促进了厦门大学科学研究与地方建设的紧密结合，拓宽了厦门大学科学研究的思路与途径，这也说明了成为文理综合性大学的厦门大学在学科建设上的明显进展。

从 1949 年新中国成立到 1966 年“文化大革命”爆发，厦门大学与全国高校一样，经历过“整风运动”、“教育大革命”和“大跃进”高潮，作为面对两岸对峙炮火中海防前线大学，社会主义的办学方向和党在学校中的领导地位更加明确与坚定，在人才培养与科学研究上探索前进，书写出新中国高等教育的新篇章。1963年9月12日,教育部以〔63〕教厅秘字第178号文件,将厦门大学定位全国重点大学,“这是国家对厦门大学几十年来办学成就的充分肯定,从教育体制上明确地确立了厦门大学在全国教育事业中的重要地位”[①]。

1966年到1976年“文化大革命”运动期间,厦门大学与全国高校一样,遭受空前的洗劫。这是中国高等教育发展史上一次挫折和重大教训,经历过这样的风雨,拨乱反正之后,厦门大学的院系与学科建设自有空前的发展。

四

1976年10月6日,党中央一举粉碎“四人帮”;1977年9月,全国恢复高考制度,1978年2月,教育部恢复厦门大学为全国重点大学。1981年10月,厦门被国务院确立为中国四个经济特区之一,身处中国经济特区的国家重点大学,厦门大学被历史推向了改革开放的前沿,学校逐渐顺利走向“党委领导下的校长负责制”的领导体制中,院系建设发展进入一个崭新的历史新时期。2000年之后,按照校院二级管理体制改革,各学院建立学院党委,建立并逐步完善学院党政联席会议制度,厦门大学院系建设得到空前发展。

至2020年,改革开放中的厦门大学全校已建有30个学院16个研究院,展现出门类齐全、学科强劲、专业特色明显、布局合理的整体风貌。依据院系建设与发展的历史,以1995年启动“211工程”为界,整个42年的改革开放可分为两个时期:1978年至1995年为恢复与快速发展时期;1995年之后伴随着国家“211工程”、“985工程”、创建“双一流”建设,厦门大学院系建设进入跨越式发展时期。

1978年春天,当恢复高考制度后的第一届大学生走进厦大时,厦大共设有10个系29个专业,这些系与专业还只是集中于自然科学与人文社会科学的基础理论学科,基础雄厚,但面对世界新技术革命浪潮的兴起和新时期党与国家工作中心转移到社会主义现代化建设和改革开放上,尤其是经济特区和沿海开放城市、经济开发区的设立,原本的科系已经不能很好地适应新形势的需要,于是,学校大胆突破文理结构框架,调整学科与专业设置,大力充实、改造、复办老专业,增设一批新学科,优先创办一批涉外专业、应用科学和应用技术专业,开展边缘新兴学科研究,迈步向文理渗透、多学科组成的综合性大学

① 厦门大学档案馆、厦门大学校史研究室编:《厦门大学校史》第2卷(1949—1991),厦门大学出版社2006年版,第142页。

方向发展。

其一，以“起点要高，起点要新”的要求，创办一批新专业，集中在涉外、经济管理、新兴交叉学科与新技术专业。到1995年，全校已发展到26个系61个专业，突破长期以来保持的文理财经综合性大学格局，形成了包括智能科学、技术科学、人文科学、社会科学、管理科学、教育科学在内的多学科、结构比较合理、内容比较先进的学科体系。

其二，开始恢复学院建制。专业增多后，科、系不断发展，从管理与学科建设出发，开始逐步恢复学院建制。在20世纪80年代初期，先后成立经济学院、政法学院、全国综合性大学的第一个艺术教育学院、技术科学学院，其中技术科学学院的成立既带有复办工科的动机，更是以为国家培养急需的大量科技人才为目标，着重造就工科与理科相结合、交叉的学科的开创性人才。学院作为学校派出机构，具有一定自主权。

其三，以长远的战略眼光，充实、更新老专业。如20世纪70年代复办海洋系。在1952年的院系调整中，厦大将海洋系一分为三，用建立海洋生物研究室的名义战略性留住了海洋生物学科的骨干师资与教学标本，这使得厦大在1962年前后依然成为我国海洋科学的重要基地之一。海洋系虽然不再存在，厦大理科其他系却增设了海洋物理、海洋化学和海洋生物等新的专业、专门化，各系与华东海洋研究所密切配合，共同进行了26项海洋科学研究，成果引起国外学术界注意，《美国科学界对中国科学的看法》一书也提到厦大海洋科学研究的情况。复办后的海洋系，采取少招本科生、多招研究生、重拳科研、提高质量的策略，开展学科建设，并增设海洋水文气象和海洋地质地貌两个专业，为海洋系成为全国一流学科打下了坚实良好的基础。

1995年，厦门大学进入国家“211工程”行列；2001年，被列入国家“985工程”重点建设高校；2017年，入选国家A类“双一流”建设高校。在中国教育从教育大国走向教育强国的历史进程中，厦门大学的院系发展与学科建设，实现了跨越式发展。

1999年3月，全校深化校内管理体制改革，开始实行校院二级管理，学院建制全面铺开，各学院按照学院办大学的发展趋势，遵循“优化结构、强化内涵、扶优促新、鼓励交叉”的原则推动学科与专业建设，从1995年到2020年，全校共设置30个学院16个研究院，新增52个专业，撤销4个专业，调整18个本科专业，最终设置本科专业99个，涵盖文学、哲学、历史学、法学、经济学、管理学、理学、工学、建筑学、医学、艺术学等11个学科门类，以学科为支撑，打造一批定位明确、管理规范、改革成效突出，师资力量雄厚、培养质量一流的院系与专业群；全校有17个国家级特色专业，2个国家级人才培养模式试验区，2个国家级专业综合改革试点，3个专业入选教育部基础学科拔尖学生培养计划，24个专业13个项目入选教育部卓越人才培养计划。

这个时期，也是厦大研究生教育的大发展时期。1986年9月，国务院批准厦大试办研究生院；1996年3月，厦大正式获准设立研究生院；2018年，厦大成为全国首批20所学位授权自主审核单位之一。至2020年，全校共设有32个博士后流动站，36个一级学科博士学位授权点，45个一级学科硕士授权点。研究生院的建设与发展，推动了厦大研究生教育的空前发展，也更紧密地将厦门大学的学科建设与学院建设融为一体。

学科作为高校实施科研、教学活动和集聚人才的最基本的单元，是学校根本性的基础建设，也是院系建设发展的基础与支撑。这个时期，凭借国家“211工程”、“985工程”建设和创建“双一流”的支持，院系以学科为支撑，以学科建设为重心，凸显了学科建设的基础性与关键性。

其一，以学科建设为支撑为龙头，整合组建符合学科发展和拓展创新学科建设的学院，优化学科布局。如整合厦大早期传播和研究马克思主义与当代马克主义教学研究的资源，成立马克思主义学院，设立“985工程”重点学科“马克思主义理论”、“211工程”三期国家重点学科“中国特色社会主义理论与实践”建设项目，与中共福建省委宣传部合作共建“厦门大学中国特色社会主义理论体系研究与培训基地”，加强学科建设，建设国内高水平的马克思主义理论学术创新基地。如整合全校电子工程、电子科学、微电子与集成电路、电磁声等相关学科，组成电子科学与技术学院，入选国家示范性微电子学院；整合软件学院、物理科学与技术学院、计算机与信息工程学院相关资源成立信息学院；将公共事务管理学院的社会学系与人文学院的人类学系组合成社会与人类学院，更准确对应国际学科范式；而像数学科学学院、国际关系学院、台湾研究院、教育研究院、萨本栋微米纳米科学技术学院，则是应对历史与国家的需求，在学校原本的优势或特色学科基础上建立起来的学院。其中数学与应用数学为国家级一流专业、国家一类特色专业、国家理科数学与应用数学基础科学研究和教学人才培养基地，入选国家基础学科拔尖学生培养试验计划；台湾研究院入选国家高端智库试点建设、培育单位。以教育部人文社科重点研究基地会计发展研究中心和国家重点学科工商管理为依托，整合MBA和EMBA、会计系、工商管理系、管理科学系与旅游管理专业组成管理学院，很快使管理学院成为中国最具竞争力的十大商学院之一。工商管理、会计学、财务管理和电子商务4个专业入选国家一流本科专业建设点，在2017年教育部公布的全国第四轮学科评估中，工商管理一级学科获评A类学科，经济学与商学进入ESI全球前1%行列。

其二，以大学科理念、通过国家人才培养基地和重点学科的依托带动，推进院系与学科的建设发展。1999年校院二级管理体制改革伊始，学校就开始推行大学科的学院建制理念，文、史、哲3个系6个一级学科，以国家文科历史学基础科学研究和教学人才培养基地与国家重点学科中国经济史为带动，组建人文学院，力图打通文史哲，"研究高深学问"和培养人文学科精英人才。以大医科理念，整合生命科学学院、医学院、药学院、公共卫生学院等力量，推进学科交叉融合，构建医、教、研有机融合的医科教育体系。2018年和中国卫生信息与健康医疗大数据学会共同建立医疗健康大数据国家研究院，汇聚理、工、医及社会科学十几个学院的教师与研究团队，通过自主创新和跨学科合作，产生一批国内外领先的具有良好产业转化价值的一流研究成果，凸显大学科整体的优势。

在大学科建设与学科协同创新中，由厦门大学牵头，与复旦大学、中国社会科学院台湾研究所、福建师范大学共同建设的国家协同创新中心"两岸关系和平发展协同创新中心"，由厦门大学、复旦大学、中国科学技术大学和中科院大连化物所为核心层，组建的国家级协同创新中心"能源材料化学协同创新中心"，都体现出大学科、跨学科与跨越部门、学校的创新优势。2018年12月，国家自然科学基金委依托厦门大学建设"国家天元数学东南中心"，该中心由数学科学学院牵头，联合5个省14所高校为共建单位，更是以大学科、大组合、大跨越的组织形态呈现出构建一流核心竞争力的重要举措。

其三，发挥优势，打造国内领先、国际一流的高峰学科，是这一时期厦大院系建设与发展水平最基本也是最重要的成果之一。目前厦门大学有理论经济学、应用经济学、工商管理、化学、海洋科学5个国家一级重点学科，另有25个国家二级重点学科，分布在经济、管理、化学化工、数理、海洋与地球、生态与环境、法学、高等教育、生命科学、人文等学院。另有化学、工程学、农学、社会科学、计算机科学、分子生物学与遗传学、微生物学、药物理与毒理学、地学、物理学、经济学与商学等18个学科在ESI全球排名前1%；17个学科在QS世界大学学科排行榜上有名，上榜数居中国大陆高校第12位；37个学科登上软科世界一流学科排行榜，上榜数居中国大陆高校第8位。2017年，化学、海洋科学、生物学、生态学、统计学入选国家"双一流"建设行列。

当我们对厦大100年的院系发展做出梳理后，我们会发现，厦大百年院系的历史脚步，实际上是伴随着100年来中华民族伟大复兴的风云变幻与中国高等教育的命运嬗变而砥砺行走的，它走的是一条从小到大、从少到多、从大到强的历史发展脉络，一条是院系建设与学科发展紧密融合的道路，一条是国际竞争力和整体实力不断提升的道路。百年院系不断调整不断演化的进程，也就是百年学科不断变革不断创新的历程，这里有成功的喜悦，也有挫折的教训，有起伏的艰辛，也有前进的欢笑，但无论在什么时候、在什么样的空间里，都向着校主陈嘉庚先生提出的“世界之大学”目标前行，都沿着“与世界各大学相颉颃”的意志行进，都朝着“中国特色，世界一流”的憧憬踔厉奋进。

五

“厦门大学百年院系史”系列的编撰出版，是各院系向厦门大学百年华诞献上的一份礼物，她以100年来各个学院、研究院的学科发展、专业建设、院系在时代中变动的脚步为主要内容，呈现不同历史时期南方之强的个性与风采。目的在于总结经验，传承命脉，弘扬自强不息、止于至善精神，激励“双一流”建设，为厦门大学与中国高等教育留下一份珍贵的历史叙述。全校共有35个院系、研究院及厦大出版社参加了这个规模空前的编写工程。每部院系史主要包含以下内容：

一、历史的脚步。这是全书最主要的叙述，它通过对院系的历史梳理，描述出在各个历史时期的发展脉络与特征，客观呈现各学院发展进程中的主要事件，重点叙述以学科建设、人才培养为重心的发展变化、主要特点和成就，以及行政管理、社会服务上的变更发展。

二、党政管理。叙述院系党的建设情况，行政机构的变更，历任党、政领导等。

三、学科发展。叙述院系学科建设发展的轨迹与特色、地位与成绩，包括博士授权点、硕士授权点介绍及其人才培养特色，研究基地、研究所、中心介绍及其工作特色，重点实验室介绍及其工作成就，对外交流成果等。

四、教学成果。阐述院系在人才培养与教学教育中的发展嬗变，包括专业设置、课程体系、精品课程与教改项目、教学成果奖、特色专业与创新试验区、教学团队、教材建设、人才培养基地、创新创业教育等内容。

五、学术成就。配合学科建设的发展，叙述学术上的做法与成就，包括获奖学术成果、主要著作与论文、主要研究课题。

六、附录：院系大事记。

这是一项具有长远意义且严肃的工作，学校要求各院系在编撰中坚持正确的政治导向，突出与中国共产党同龄的厦门大学教育救国、教育兴国、教育强国的历史步点；重点叙述与提炼各学科、各专业及人才培养的发展与成就，彰显学术大师和著名校友的贡献；历史须客观叙述，要求准确无误有根有据，尽可能追根溯源，填补漏缺，还原历史，强调学术传承。但历史的写作须经千锤百炼，百年院系历史的叙述需要长期的淬炼，今天打开的这个脚步，难免深浅不一，难免有疏漏之处，还有许多需要打磨甚至勘正的地方，还请各位读者批评指正。

全校的百年院系史系列编撰工作在2019年的春天启动，历时两年的时间，在厦门大学百年华诞到来之际，终于与厦大人、与各方读者见面了。当各院系的撰写者在各自的历史隧道中搜寻攫微、考辨记载而写出自己的院系历史的时候，实际上是在对一个学科、一个院系的过去与今天的研究梳理，也是与明天的一个重要联系与启示。相信经过这次院系史的研究编写，各学院各学科将会以史为鉴，以更宏伟的规划更准确的定位更实在的工作，在党的坚强领导下，向着“中国特色，世界一流”的建设方向，奋力推进厦门大学院系建设与学科发展。

2021年3月12日

目录

content

第一部分 历史的脚步

被誉为“南方之强”的厦门大学，是爱国华侨领袖陈嘉庚先生于 1921 年一手创办的。作为中国近代教育史上第一所由华侨创办的大学，百年间筚路蓝缕、风雨兼程，在“自强不息、止于至善”的校训精神指引下，为社会培养了一批又一批优秀的人才。

百年间，在嘉庚先生坚决扛起的“教育救国”旗帜下，一代又一代厦大人通过在每一个时期对推广社会教育的不断思考和不懈探索，把厦门大学服务社会的初心与情怀，为社会育人的信念和坚守，一点一滴地汇聚、传承到如今厦门大学继续教育学院每一位教职工身上。

随着国家继续教育事业的不断发展、成型，如今的厦门大学继续教育学院已形成了多种办学形式、多种培养层次、多种专业设置、多种培养对象的综合办学体系，从 1981 年以来，为社会累计培养了各类毕业生十六万余名。同时，通过整合校内外优质教育资源、严把“质量、服务”关，建立起了高质量、特色化的非学历继续教育模式。作为学校专门从事继续教育工作的学院，我们秉承着为继续教育事业奋斗终身的信念，牢牢接住这凝结着所有曾为推广继续教育事业贡献力量、挥洒汗水的人满满心血的历史接力棒，以史为鉴、汲取力量，为建设具有与厦门大学“双一流”建设相匹配的高质量、特色化继续教育而努力拼搏。

一、私立时期（1921—1937 年）

“今日国势危如累卵，所赖以维持者，唯此方兴之教育与未死之人心耳。”嘉庚先生的教育救国的理念，在这所百年大学的建校初期，便已深刻地在每一位“厦大人”的心里烙下印记，更体现在积极服务社会的办学态度中。

1926 年 11 月，学校为了给一些穷苦的工农子弟提供学习机会，在鲁迅先生的提议和捐款支持下，[①]以“提倡平民教育和有益于平民学识”为办学宗旨的厦门大学平民学校应运而生。这所学校由厦门大学学生自治会主办成立，在筹办之初，便在《厦大周刊》上刊登了办学消息，招收了 43 名学员，主要是“校内校役及工人”等因贫穷而失学的贫民子弟，其中就包含鲁迅先生送来上学的自己雇用的“工人”林春来、詹进宝等。学校的教室设于顶澳仔（现西村厦大宿舍附近）借的一间祖厝，老师大多由厦大学生兼任，也有厦门大学附设模范小学的老师兼职，上课时间为每日晚上七时至九时。据《鲁迅全集》（2005 版）中的记载和学校 1950 级生物系校友叶雪音的回忆，时任厦门总工会委员长、厦门大学学生自治会主席的罗扬才便是当时的教员之一，他经常在东边社村的高明宫内为工农群众亲自讲授常识课，宣传革命思想。[②] 当时的教员还有陈基志、欧阳治、李淑美等。

1926 年 12 月 12 日，平民学校在厦门大学群贤楼上大礼堂召开成立大会，当天参加开学典礼的有二百多人。校长林文庆、学生指导长林玉霖及鲁迅等出席并发表演说。[③]

鲁迅先生在演讲中说道：“今天，你们这学校开成立会，我十分高兴。因为它是平民学校，我就不能不来，而且也就不能不说几句话。首先我要说的是：你们这学校的先生，都是本校的同学，他们这种服务精神，是值得钦佩的。其次我要说的是：你们都是工人、农民的子女，你们因为穷苦，所以失学，所以须到这样的学校来读书。但是你们穷的是金钱，而不是聪明与智慧。你们贫民的子弟一样是聪明的，你们贫民的子女一样是有智慧的。你们能够下决心，你们能够奋斗，一定会成功，一定有前途。没有什么人有这样的大权力：能够叫你们永远被奴役；也没有什么命运会这样注定：要你们一辈子做穷人。你们自己不要小看自己：以为自己是贫民子女，所以才进到这平民学校来。你们要读书，也要关心国家的事。你们认识了字，才能看书读报纸，才能懂得国家的大事。我们的国家正

---

① 参考复旦大学、上海师大等《鲁迅年谱》编写组，《鲁迅年谱》（上册），安徽人民出版社，第 321～322 页；蒙树宏，《鲁迅年谱稿》，广西师范大学出版社，第 197～198 页。

② 叶雪音：“三家村”思绪[EB/OL].（2019-08-17）[2020-08-26]. https://alumni.xmu.edu.cn/info/1020/3883.htm.

③ 参考鲁迅，《鲁迅全集（2005 版）》第十五卷第 648 页、第 651～652 页；陈元胜，《鲁迅全集（2005 年版）注释辩说（中）》第 64～65 页。

在进行革命,正在消灭北洋军阀。半个月前,你们听见革命军攻下泉州城没有?(杨阿红答:“听见的!”)那好,很好的。军阀消灭,国家才会变强,生活才会转好。你们的贫穷,就是军阀造成的,今后一定会转好的了。最后一句:祝你们努力学习,多认识了字,也多关心社会国家的大事。”①

在成立大会之后不到的十天内,学校组建了平民学校委员会,于 1926 年 12 月 21 日晚召开第一次临时会议。

在学校师生的共同努力下,平民学校的举办取得了较大的成功。《厦大周刊》第一百七十期曾记载:“本校学生会创办之平民学校。开办以来,教员皆踊跃服务,成绩颇佳。”(见图 1-1)

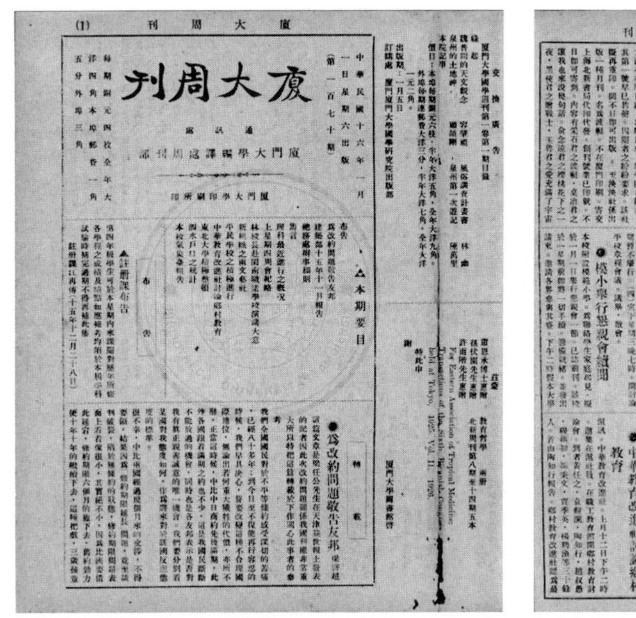

(1)　廈大周刊

廈大周刊

中華民國十六年一月一日星期六出版

(第一百七十期)

通訊處　廈門大學編譯處周刊部

廈門大學印刷所印

每期銅元四枚　全年大洋四角　本埠郵費一角　五分外埠三角

△本期要目

布告

為改約問題敬告友邦

註冊課布告

平民學校之積極進行

新組織之兩文藝社

中華教育改進社討論鄉村教育

布告

▲註冊課布告

●為改約問題敬告友邦

廈大周刊　(6)

●新組織之兩文藝社

●平民學校之積極進行

▲組織平民學校委員會

●模小舉行懇親會續聞

國內教育界消息

●中華教育改進社討論鄉村教育

图 1-1　《厦大周刊》第一百七十期:《平民学校之积极进行》

1928 年 10 月,平民学校正式划归到教育科主办,经费由学校补助。聘定沈君泽为教务主任,徐瑛为事务主任,黄式厚为训育主任,并分高、初两级,聘定蓝洪瑞讲授高级读本,朱甘棠讲授初级读本,李勖讲授珠算,黄式厚、张萼讲授尺

① 演说词的前三段是根据平民学校兼职教员李淑美回忆口述,参考陈梦韶所著《鲁迅在厦门》第 12 页。后两段是当时平民学校学生杨阿红在 1956 年的补充追忆。

牍，沈君泽讲授科学常识，徐瑛讲授三民主义，黄梅生讲授公民记账，李淑美讲授算术、唱歌，曾郭棠讲授国语。①

1930 年 2 月，厦门大学根据当时教育部颁发的大学组织法和大学规程改各科为学院，组织机构渐趋完善和稳定。从这时候开始，厦门大学服务社会的力度逐渐加大。为了推广成人教育，在这一年的 7 月 11 日，学校第一次举办了暑期学校，分师资、专业、升学三组，分别招收在职的中小学教师，在职的各类专业人员，以及初、高中学生和有志于投考大学的社会青年，并在随后两年的同一时期举办了第二次、第三次暑期学校。此外，在 1934 年与 1935 年 7 月，学校还奉教育部令，先后举办了两届中等学校理科教员暑期讲习班，为教员们提供学习进修的机会。

二、抗战迁汀（1937—1945 年）

1937 年 7 月 1 日，厦门大学正式被南京国民政府接管，改归国立。7 月 6 日，国民政府教育部任命著名机电工程学家、留美理学博士、清华大学物理学教授萨本栋为国立厦门大学校长。在接任后的第二天，“七七事变”发生，抗日战争全面爆发。在国家陷入危难之际，学校于 1937 年 12 月 20 日停课，踏上了长达 8 年之久的迁汀办学之路。在这段动荡岁月里，尽管办学形势十分严峻，但学校仍然先后设立了推广社会教育委员会、社会教育推行委员会等多个委员会，保障社会教育力量，推动社会教育工作的发展。②

---

① “平民学校”内容参考复旦大学、上海师大等《鲁迅年谱》编写组，《鲁迅年谱》（上册），安徽人民出版社，第 321～322 页；蒙树宏，《鲁迅年谱稿》，广西师范大学出版社，第 197～198 页；《鲁迅在厦门资料汇编》（第一集），第 76～83 页；陈元胜，《鲁迅全集（2005 年版）注释辩说（中）》第 64～65 页。

② 参考《厦大校史资料——组织机构沿革暨教职员工名录》（第五辑）第 18 页，第 26 页内容。1938 年，时任法商学院院长的银行家冯定璋教授担任推广社会教育委员会的主席。

三、复员厦门（1945—1949 年）

1945 年 8 月 15 日，日本天皇正式宣布投降，不仅标志着历经了八年艰苦卓绝的抗日战争自此宣告胜利，对厦大师生来说，也标志着学校复员厦门指日可待。这一年的 9 月，汪德耀教授正式接任厦门大学校长，并宣布 1946 年为“复员年”。同年，汪德耀担任学校社会教育推行委员会主席，[①]积极推进着各项社会教育工作。这一时期，由社会教育推行委员会主办的社教服务处是厦门大学从事社会服务工作的重要力量之一，社教服务处在同文路设立了民众阅览室、民众代笔处。1948 年春季，在救济总署厦门分署发给大批物资的支持下，厦港校本部设立了一所平民夜校。夜校招收了 120 余名附近失学村民及校内工友，并根据他们的文化程度、年龄进行分别教育，至 7 月底结束，共毕业 99 人。除此以外，为了扫除厦港渔民中的文盲，这一年的暑期，厦门大学训导处、社会教育推行委员会，以及学生公社，还联合成立了“国立厦门大学附设暑期社会教育办事处”，聘请教育系主任李培囿、训导长汪西林，及学生公社干事曾淑慎为顾问，教育系教授汪养仁为总干事，王兆奎为副总干事，并甄选留校热心服务的同学共 45 人参与工作，有计划地部署了儿童福利、通俗演讲、音乐演奏及戏剧表演等社会教育事宜。[②]

除了社会教育推行委员会外，厦门大学的教师们也自发地投入社会教育的工作之中。如图 1-2，1946 年 6 月 4 日的《江声报》就曾登载了一则题为“厦大教授创办暑期学校”的启事，记述了时任厦门市议会议长、厦门大学政治系主任的陈烈甫教授和时任厦门市临时参议会临时参议员、厦门中山医院院长，兼在我校生物系授课的吴金声教授在学校刚刚复员、百废待兴之际，忧心“文化中心西移，闽南反成僻隅，教育事业之进步，有相形见绌之感”，决心创办厦门暑期补习学校，招收闽南各公立或已立案私立中学的毕业生们补习英文、数学、物理、化学、生物、中外史地，校址设于鼓浪屿田尾厦大新生院，名额定为二百名。不久，内战爆发，在国民党统治区下的厦门物价飞涨、民不聊生，陷入了黎明前最为黑暗的时期。1949 年夏天，学校成立了“应变委员会”，声明旨在“时局艰危时期保存学校文物，策划员工及学生的生活与安全”。就在时局如此艰难之时，厦大教师开

---

① 参考《厦大校史资料——组织机构沿革暨教职员工名录》（第五辑）内容。

② 参考《厦大校史资料》（第二辑）第 338～340 页，第 331～332 页内容。

展社会教育工作的热情仍然未被浇灭，在这一年，厦大教师们坚持将 1946 年陈烈甫教授、吴金声教授创办的暑期补习学校续办了下去，并招收了 100 多名学生，开设了英文、数学、物理、化学、生物、中外史地等科目。①

漢奸保釋理由

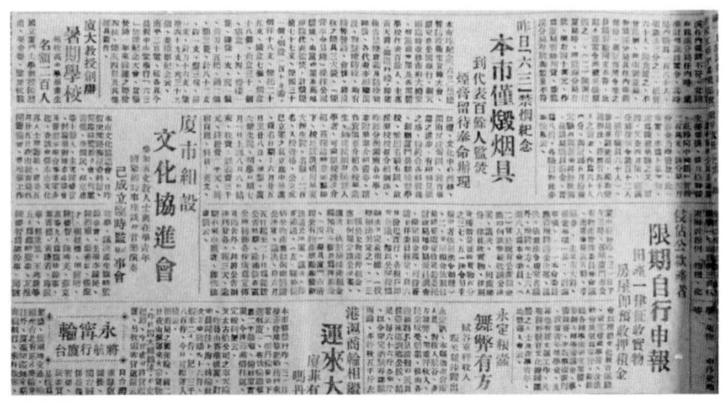

限期自行申報

田產一律征收實物 房屋即辦收押租金

昨日「六三」禁烟紀念

本市僅燬烟具

到代表百餘人監焚 烟膏留待奉命辦理

永定根臺 舞弊有方

港滬商輪相繼 運來大

厦市組設 文化協進會

已成立臨時監理事會

厦大教授創辦 暑期學校

名額二百人

永寧輪 將航行臺灣

图 1-2 《江声报》一九四六年六月四日第三版新闻：《厦大教授创办暑期学校》

① 参考《厦门大学校史》（第一卷）第 311 页内容。

四、新中国成立后十七年（1949—1966年）

1949年10月1日，中华人民共和国成立。17日，厦门解放。在“建设人民的新厦大”的欢呼声中，厦门大学的历史掀开了新的一页，学校的继续教育事业也步入了新的发展阶段。1950年5月，在中华人民共和国首任教育部长马叙伦的推荐下，中国现代作家、教育家陈汝惠随刚被任命为厦门大学校长的王亚南教授来到厦门大学，担任教育系副教授，后又担任厦门大学附设职工业余学校的校长。[①] 厦大职工业余学校的诞生与发展情况如图1-3。

新廈大

廈大職工業餘學校的誕生與發展

——一九五〇年度上學期工作總結——

一、孕育與誕生

二、學校環境與師資條件

三、關於堅持學習

四、生產小組、級會、與級聯合的組織活動

五、在抗美援朝運動中的愛國表現

六、教學評獎與學習模範的選舉

七、優缺點與經驗教訓

图1-3　《新厦大》第十三期：《厦大职工业余学校的诞生与发展——一九五〇年度上学期工作总结》

① 参考《厦大校史资料——组织机构沿革暨教职员工名录》（第五辑）第41页内容。

1952 年 8 月，在党和国家“向工农开门”方针的指导下，学校遵照华东教育部命令，设立了附属工农速成中学(以下简称“速中”)，任务是“对工农干部施以中等程度的文化科学基本知识的教育，使其升入高等学校继续深造，培养成为新中国各种建设人才”。

速中成立之初，学校先是调派了当时法律系的讲师何永龄为速中主任，5 位教师任速中教员，组成了第一批行政教学班子，并招收了第一批学员 41 人，于 1952 年 9 月 24 日上课，学制为 3 年。1953 年，在总结经验的基础上，速中扩大招生，学员增至 196 人，教员也随之增加到 21 人。1954 年进一步扩充发展，招收了学员 506 人。福建省委为加强对速中的领导，调派了白世林同志为速中第一校长，何永龄为第二校长，并配备了教导和总务方面的干部，增调了 31 位教学经验比较丰富的教员，使速中成为了拥有 800 多名师生、兼有大学预科与重点中学特点的附校。毕业后，这些学生部分升入大学继续深造，大部分分配到各条战线上担任新职，成为那一历史时期社会主义建设事业的一代中坚力量。速中首届毕业班举行师生联欢会活动情况见图 1-4。

新厦大

各系同學畢業論文或學年論文撰寫工作已基本上完成

爭取集體榮譽的初步收穫

在聯歡舞會上

速中首屆畢業班舉行師生聯歡會

5月7日晚上，在成偉二樓會議室，速中首屆畢業班舉行師生聯歡會。聯歡會從7點半開始，班長陳建坤在會上說：「今天所開的師生聯歡會和以往不同，我們現在要迎接艱巨的戰鬥任務——畢業考試。通過今晚聯歡，我們師生將更團結一致。共同爲勝利完成最後教和學的任務而努力。」白校長在會上作了重要的指示，他針對同學存在的問題，說明要勝利完成這次畢業考，首先應該把黨的利益放在第一位，放棄自己一切不正確的思想，集中全力投入最後戰鬥，把三年來自己辛勤勞動所獲得的學習成績向黨和祖國人民會報。首屆畢業班的同學尤其應該給學校樹立好榜樣，這才是我們第一屆畢業班的光榮。白校長還指出，"在這一段期間裏，生活要和平常一樣有規律，不要過於緊張不參加文體活動。接着，老師和同學們也在會上紛紛表示要共同做好這次畢業考和總複習。宋正清同學激動地說：「我從小就在部隊裏，沒有唸過書，現在培黨養我三年，我不能辜負黨對我的培養和期望，我要考好畢業考，準備上大學。」時間已經不早了，可是老師和同學發言熱烈，直到十點半才散會。

黨和學校行政對畢業班十分重視，在5月16日成立畢業班考試委員會專門指導畢業班考試和複習工作。教課現在已經全部結束，同學都在認眞複習。從16週到18週是畢業考試時間，19週到22週進行總複習，準備投考高等學校　（陳速務）

图 1-4　《新厦大》第 108 期(双周刊):《速中首届毕业班举行师生联欢会》

1954 年的 9 月，随着《美台共同防御条约》的签订，国民党反动派飞机不断空袭东海沿岸，学校师生纷纷投入反空袭、反炮击斗争中。为了在紧张的对敌斗争中坚持教学，当时速中执行了战时第二教学方案，以晚间在教室上课为主，仅部分课程排在下午。这样的上课方式一直持续到 10 月 18 日，随着敌机空袭减少，学校开始实行教学第一方案，速中改为上、下午上课，晚上辅导、自修。① 这一年，也是速中最后一次招生的一年。

1958 年 7 月 16 日，根据福建省委指示，速中改为工农预科，自此，厦大招收的工农学生人数及比重逐年增加。②

专修科是这一阶段出现的又一种办学形式。在 1951 年至 1961 年这十年间，厦大先后在多个院系下开设了各类专修科，③满足了学生们不同的学习需求：1951 年，理学院下设航海专修科，由时任海洋系教授、系主任的刘荣霖教授担任主任一职，后航海专修科与集美水专合并，组成了福建航海专科学校，刘荣霖担任校长。1952 年，工学院下设土木专修科，由留美硕士曾国熙教授担任主任一职，1953 年 8 月按照全国院系调整方案，该系移并至南京水利学院；④经济（财经）学院下设贸易专修科，由魏嵩寿教授代理主任；文法学院下设俄语专修科，由外文系吴心田教授担任主任一职，部分师生于 1954 年 8 月调整至南京大学。1958 年，工学院下设地质专修科，由梁敬生同志担任负责人、党支部书记。

与此同时，各类的轮训班和训练班也开始兴起。1952 年 9 月以及 1953 年 2 月，为适应福建省扩大工农教育对师资的需要，受到福建省政府教育厅的委托，学校特别举办了两期“数理化师资轮训班”。⑤ 首期数理化教师论训班结业典礼情况见图 1-5。

---

① 参考厦大档案馆党委档 54—16。

② “速中”方面的内容参考《厦大校史资料——组织机构沿革暨教职员工名录》（第五辑）第 41 页，《厦大校史资料》（第三辑）第 114 页、第 121～123 页，《厦门大学校史》（第二卷）第 32～33 页、第 85～88 页，第 116 页内容。

③ 参考《厦大校史资料》（第三辑）第 72 页，第 92 页（此处“土木专修科”记为“土木工程专修科”）第 535～538 页（此处“俄语专修科”在第 537 页记为“俄国语言专修科”，在第 538 页记为“俄文专修科”）。“统计专修科”“财务会计专修科”参考《厦大校史资料》（第三辑）第 221～227 页内容。

④ 参考《厦大校史资料——组织机构沿革暨教职员工名录》（第五辑）第 47 页。

⑤ 参考《厦门大学校史》（第二卷）第 35 页内容。

新厦大

第五四期（旬刊）

一九五三年三月一日

留校師生開展寒假活動 本學期於上月廿七日開學

爲教學改革工作做了良好的開端 教務處總結一學期的教學工作

首期數理化教師輪訓班結業

結業典禮上學員們提出五項保證

並上書省府張主席報告學習成績

土木專修科各責教師 協助同學解決學習困難

工會積極支持俄文速成班

图 1-5 《新厦大》第五四期(旬刊):《首期数理化教师轮训班结业》

在新中国成立初期,国家迫切需要大量管理干部和各行各业的建设人才,也迫切需要提高干部的政治理论水平。在此形势下,1956 年,厦门大学决定成立马列主义夜大学,旨在深入知识分子的思想改造,加强系统的理论学习,由时任厦门大学党委书记、副校长陆维特同志兼任校长,开设中国革命史、马列主义基础、政治经济学和哲学四门课,招收学员 534 人,市委旁听干部 18 人,教授眷属 10 余人。① 1960 年,学校成立了职工业余大学、业余文化技术学校、业余建筑工程技术学校,分别由时任教务处处长潘懋元教授、时任宣传部副部长梁敬生同志

① 参考《厦大校史资料》(第三辑)第 189 页、第 287 页内容。

和时任生产管理处处长、修建处处长周彬同志兼任校长，为国家各行各业的建设不断地输送专业技术人才。（如图 1-6）

新厦大

XIN XIA-DA

1960年4月30日　星期六　第334期

"五一"国际劳动节万岁

職工業餘教育建立完整體系

业余大学、业余建筑工程技术学校宣佈成立，业余文化技术学校正式开学

一定要把食堂辦好

党委加强食堂工作領導　作出八条决定

慶祝"五一"國际劳動節

王亚南

图 1-6　《新厦大》第 334 期：《职工业余教育建立完整体系——业余大学、业余建筑工程技术学校宣布成立，业余文化技术学校正式开学》

1963 年"四清"运动开始后，学校的大批干部、教师下乡参加"社教"，职工业余大学的教学工作也只能暂时停止。1966 年 5 月，紧随其后发生并持续了长达十年之久的"文化大革命"，给当时的职工业余大学带来了巨大的冲击，职工业余大学被迫停办。

五、“文革”期间（1966—1976年）

正当厦门大学以国家重点大学的新姿发展前行的时候，1966年5月，“文化大革命”爆发了。这场动乱，给国家的教育事业造成了沉重的打击，厦门大学也未能幸免。在这风雨飘摇的岁月里，许多本来具有一定办学基础的短训班、夜大学、函授教育等教育业务纷纷被迫停办。然而，社会生产却不能停，处在生产第一线的工人农民还需要文化科学知识去指导实践，尤其在当时国家如火如荼地开展“三大革命运动”的背景下，提高工人、农民文化科学水平的需求也就比以往更加迫切。因此，在正规教育系统被迫停顿的情况下，学校的继续教育以其他短训班的形式进行。

1970年，在“文革”废除全国统一考试招生制度的背景下，根据毛泽东关于“教育要革命”的指示，学校革委会派出了70多支教育革命小分队，深入到全省各地30多个工厂和20多个生产队进行社会调查，开展“教育革命实践”。这些小分队先后在工厂、农村办了各种短训班100多期，培训技术人员近千名。这个时期的短训班和以往不一样，它是直接结合产品或工程进行教学，实行边学边做、即学即做，这种教学与实践相结合的教学方式在当时帮助解决了一些具体生产的技术问题。①（如图1-7）

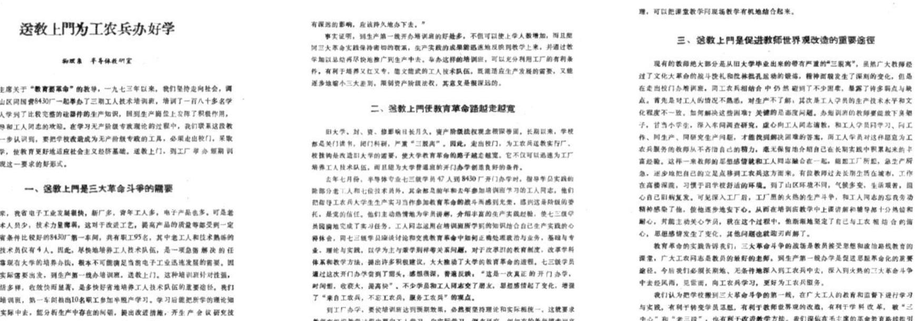

图1-7 《厦门大学学报（自然科学版）》1975年01期:《送教上门为工农兵办好学》

① 参考《厦门大学校史》（第二卷）第177页、第182～183页内容。

“工农兵试点班”是“文革”时期兴起的一种办学形式，也是学校在这动荡的岁月里坚持社会教育的深刻印记。1970 年 10 月，国家开始招收工农兵学员，学校以厦门大学革命委员会的名义发出录取通知，将中文系和历史系合并成为“文史系”，中共福建省委宣传部原副部长兼省文化厅厅长、党组书记许怀中教授回忆当时的录取通知上写着工农兵上大学，培养造就新的无产阶级知识分子，担负起上大学、管大学、用毛泽东思想改造大学的光荣任务，为创造新型的社会主义大学做出贡献等内容。24 日，通过全省推荐招生，第一届厦大工农兵试点班正式开学，设置 11 个专业，共有学员 321 名。许怀中在《从“文革”开始到结束——厦大十年记回忆》曾记载，“开学后在厦门郊区莲坂上课，每位师生都有一张小板凳。师生在祠堂吃住，有时也在广场做些娱乐活动，如击鼓传花，命中者要背毛主席语录，感觉连游戏也提心吊胆。学员管大学，但毕竟靠老师传授知识，都很尊重老师，师生关系还算好。”1971 年 11 月，在“文革”风暴中被诬指为“执行修正主义路线的走资派”的厦门大学原党委书记、校长曾鸣同志从下放地长泰县复出，出任厦门大学革委会主任、党委书记。就任后，他迅速调回了下放农村劳动的骨干教师和干部，还接收了一些来自其他高校的、在“文革”中受到迫害的老师，扩充了工农兵试点班的师资力量。[①]

1972 年 10 月，学校将文史系解散，重新复办了中文系和历史系。陈在正任历史系主任，招收普通班工农兵学员 30 人，学制为 3 年。

1973 年 1 月，工农兵试点班第一届学员毕业，书写了教育史上的另一个篇章。同年 9 月 13 日，厦大航海系改为集美航海学校，当年秋季共招收工农兵学员 934 名。

以知青为对象的继续教育办学形式也在这个时期涌现出来。“文革”后期，大量的知识青年被动员上山下乡，接受贫下中农再教育，他们虽离开了学校，但仍渴望继续学习文化科学知识。为了适应这种需要，1974 年 8 月 5 日，厦门大学与省妇联、省知青协、团省委联合举办以上山下乡知青为对象的“儒法斗争史学习班”，并在同年 10 月，举办知青函授教育，招收对象以上山下乡知青为主，也招收部分中、小学民办教师和对口部门的工作人员、基层干部，学员遍及全省，教学形式以函授和自学为主，面授为辅，面授的辅导地点有长泰、建阳、浦城、顺昌、

① 参考原福建省人事厅副厅长潘潮玄所著《曾鸣：从革命者到教育家》一文内容。

邵武、南平、南靖、三明、沙县等地。总体来看，当时的函授教育受政治运动的直接冲击比较小，开设的课程应用性也比较强，招生的人数逐年增加，1974 至 1975 年度试点招生了 303 名学生，到了 1975 至 1976 年度，招生增加至 2971 名，在 1976 至 1977 年度，招生数更是达到了 5934 名。知青函授教育一直持续到了 1979 年。① （如图 1-8）

读《红楼梦》，从这里可以了解到孔孟之道的毒害作用。资产阶级野心家、阴谋家、两面派、叛徒、卖国贼林彪，如同历史上的反动派一样，乞灵孔孟，吹捧程朱，宣扬"德"、"仁义"、"忠恕"，要"大家都当董仲舒"，学习朱熹的待人哲学，妄图"克己复礼"，阴谋篡党夺权，实现复辟资本主义的迷梦。这使我们更加深刻认识到批孔确实是批林的重要组成部分。我们一定要"**认真看书学习，弄通马克思主义**"，把批林批孔的斗争进行到底。

① 《上蔡语录》卷上。
② 《朱子语类辑略》卷之一。
③ 《朱子学的·进德第七》。
④⑤ 《朱子学的·须晋第五》。
⑥⑨ 《朱子学的·道在第八》。
⑦ 《在现代中国的孔夫子》。
⑧ 《朱子学的·驱策第六》。
⑩ 《论"费厄泼赖"应该缓行》。

我校开办业余函授教育

在批林批孔运动的推动下，我校开始举办业余函授教育。目前，在长泰、南靖、三明、沙县和建阳地区已招收三百零三名函授学员，开设《写作》、《马、列和毛主席著作选读》、《农村会计》、《中草药分类》和《农用数学》等几个科目。

在长泰县举办的《写作》、《马、列和毛主席著作选读》和《农村会计》三个班，于十月二十一日在岩溪公社举行开学式，共有一百四十二名学员，他们都是社、队、农场的知识青年。地、县、公社党委对函授教育很重视。开学这天，地区知青办、教育组、县党委、团委、县知青办、教育组、公社党委等均派领导同志参加开学式，我校革委会赵付主任、中文系主任和任课教学等出席开学式。

在开学式上，各级领导都表示热烈祝贺，并鼓励学员为革命而努力学习，为建设社会主义新农村作出贡献。学员代表说，函授大学的开办是党和毛主席对广大知识青年的无比关怀，我们一定要为革命而发奋学习，更好地在三大革命斗争中锻炼成长。教师代表发言说，为知识青年办授教育是批林批孔运动中涌现出来的新生事物，是教育革命的新课题，我们要虚心向工农群众学习，努力搞好函授教育工作。

其他各地区将陆续开学。

（教革处报导组）

·88·

图 1-8 《厦门大学学报(自然科学版)》1974 年 01 期:《我校开办业余函授教育》

① 参考《厦门大学校史》(第二卷)第 177 页、第 183～184 页，第 422 页内容。

函授教学的效果，总体上还是比较好的。“马列、毛主席著作选读”等政治理论课以自学为主，不少学员在五个月内通读了《毛主席著作选读》五卷，并精读了其中几篇文章，也有的能联系工作实际，改进了自己工作的方法。“写作”函授对知青练习写作、提高写作水平有较大的帮助。许多学员结合宣传任务写了通讯报道文章，还有的写了很多文艺宣传作品。数学、汉语的函授教学对帮助民办教师提高教学水平也起了一定的作用。“农村会计”班的学员通过学习，基本上可以胜任农村生产队的会计工作。“水稻种学”和“土壤肥力速测”班的学员，除了系统学习该科目的基本理论知识，还结合实际，下田搞科学实验，很受农民和干部的欢迎。当时的函授教育，为农村普及科学文化发挥过一定的作用。[①]

六、“拨乱反正”与改革开放时期（1976—2019年）

1976年10月，“四人帮”垮台，“文化大革命”宣告结束，厦门大学的历史也从此翻开了全新的一页，继续教育的办学形式和社会职能也得到了不断的丰富和扩充，迈进了飞跃式的发展阶段。

1978年8月，厦门大学大专毕业生进修班开始招生，招生对象为在福建省工作的1968届至1970届厦门大学或外校有关数学、物理学、化学、植物学四个系科专业的符合条件的毕业生。

粉碎“四人帮”以后，由于各级领导重视，职工业余教育也在逐步地恢复和发展。1980年夏季，职工业余大学正式复办，先为职工举办高考补习班和外语(英语、日语，其中英语班分文理科初级、中级和高级班，后新增法语、俄语班)。1981年开始招收业余大专班，设中文、电子两个专业，学制为4年。1982年5月，还附设中学部，为学校青壮年职工进行初中文化补课。1983年，国家教委批准“业大”更名为“夜大学”，可授予学士学位。在该年的8月底，增开了秘书班和图书馆学班，第一批于1987年毕业。1985年，招收中文、英语本科五年制和电子化学专科班，由全省统一考试，共招四个有学历的本、专科班。1988年，增招会计专业专科班。至1991年，共招生798人，已毕业本专科生230人。[②]

---

① 参考《厦门大学校史》(第二卷)第184页。

② “业余大学”及“夜大学”部分内容参考《厦大校史资料》(第四辑)第270～275页，《厦门大学校史》(第二卷)第300～301页内容，并参考当时在职教职工回忆。

根据成人高等教育事业发展的新形势,“文革”之后,学校还承担起了福建省有关部门的干部专修科教育。1978 年 5 月,学校就为福建省宣传部举办了政治理论班。1983 年 9 月,法律系受省委组织部委托,举办了政法干部专修科。1985 年,中文系举办了对外宣传干部专修班,财金系举办财税班,经济系举办人口班,会计系举办会计审计班。1988 年秋,政治学系举办行政管理学班。此外,还曾举办过社会工作与管理、文化宣传等专业的干部专修班。

1984 年年底,学校成立了成人高等教育处,下设自学考试办公室。1987 年增设函授教育科、干部教育科,成为负责管理学校自学考试主考工作和函授教育、干部专修科及各种类型的短期职业技术教育班、岗位培训班,继续教育的进修班、各种形式的单科培训、自学考试辅导班等的专门机构。[①] 国内函授专科学历教育的出现大大促进了函授教育的发展。1987 年,学校开办了数学和生物学两个函授专科班。1988 年秋,开办了汉语言文学、应用数学、经济管理等三个专业的函授专科班。直到 1990 年,函授专科班的专业扩充到 10 个专业,招收了学员 963 人,毕业 122 人。

同时,各类专业证书班也开始争相出现。1987 年,厦门大学法律系、财金系、中文系等接受有关单位委托,开始举办人口学、金融、政工等专业证书班;1989 年 5 月,漳州市人事局与厦门大学政治学系签订协议,委托厦门大学在市行政干校举办成人高等教育行政管理学专业的专业证书班。2000 年,专业证书班停办,办学期间共招生 9315 人,毕业 8295 人。

在办学形式丰富多样的 20 世纪 80 年代,非学历继续教育也开始繁荣起来。根据社会的需求,学校采取了多种灵活方式,在当时开展了各类短线、热门的非学历教育,举办了时长为一个月、三个月、半年乃至一年不等的各种培训班、讨论班、研究班,为如今学校非学历继续教育的发展奠定了良好的基础。

为适应改革开放和沿海地区社会经济发展与科技进步的需要,加速学校内部管理体制改革,加强对各类成人学历、非学历班的管理,扩大成人教育办学规模,提高办学效益,1992 年 12 月 2 日,学校决定成立厦门大学成人教育学院,与夜大学合署办公,下设教学科、学务科、自学考试办公室,兼有办学实体和管理全

---

① 参考《厦门大学校史》(第二卷)第 301 页、第 434 页,《厦大校史资料》(第九辑)第 59～60 页内容及院内干部回忆。

校成人教育的双重职能。

1999年，应社会经济建设发展的需要，厦门大学成立职业技术学院，随后被确定为全国首批15所“示范性职业技术学院建设单位”之一，如图1-9。学校于2000年被确定为全国第二批“全国职教师资培训培养重点建设基地”，如图1-10。办学期间形成了在职硕士学位、职教师资本科、高职专升本、高职专科等多层次的职业教育办学体系，共有28个专业，即：硕士学位专业7个，师资本科专业5个，专升本专业6个，专科专业10个。在校学生人数曾达1700多人。

教育部关于确定北京工业职业技术学院等15所高等学校为示范性职业技术学院建设单位的通知

（2000年6月28日）

教发[2000]140号

经示范性职业技术学院建设专家组评审，并报部领导审核同意，现确定北京工业职业技术学院、邢台职业技术学院、黄河水利职业技术学院、长沙航空职业技术学院、广州民航职业技术学院、天津大学、东北林业大学、同济大学、东南大学、中国药科大学、厦门大学、青岛海洋大学、华中师范大学、重庆大学、兰州大学等15所高等学校为第一批进行示范性职业技术学院建设单位。

请上述各校按照我部《关于支持中央部委院校进行示范性职业技术学院建设有关问题的通知》（教发[1999]151号）的精神，制订具体的支持建设项目，并注意下列事项：

1、各校要充分结合自身的学科、专业特色和办学优势，确定具体支持建设的项目和内容。

2、各校中央专项资金按500万元左右安排，学校配套资金不低于中央专项资金的50%。

3、中央专项和配套资金必须用于高等职业教育，主要支持相关实训基地建设，用于实验、实训设备购置的费用不低于资金总额的85%。

4、集中投入，重点建设，每校争取建成若干个有特色、有示范性的高职专业和实训基地。

5、每个支持建设项目的申请报告应包括以下内容：项目名称、建设内容、资金安排、完成项目所需时间、建成后可实现的功能及简要的可行性论证。

请各校于7月15日以前将有关材料报送我部发展规划司。

335

图1-9 《教育部关于确定北京工业职业技术学院等15所高等学校为示范性职业技术学院建设单位的通知》

教　育　部　文　件

教职成[2000]3号

关于公布第二批全国重点建设职业教育师资培训基地名单的通知

各省、自治区、直辖市教委（教育厅），国务院有关部委教育司（局），有关高等学校：

为了落实《面向21世纪教育振兴行动计划》提出的在全国重点建设50个职业教育师资培训基地的精神，根据《关于全国重点建设职业教育师资培训基地实施方案》提出的1999年至2000年两年内分三批遴选确定50个全国重点建设职业教育师资培训基地的工作步骤，在各地、各有关部门组织推荐的基础上，经过全国重点建设职教师资培训基地工作小组专家评审，我部批准哈尔滨工业大学等24所学校为第二批全国重点建设职教师资培训基地，现予公布。

希望各地、各部门要加强对重点建设职教师资培训基地的领导，落实配套资金，进一步明确全国重点建设职教师资培训基地的性质和任务。各基地学校要根据自身的专业特色和办学优势以及各地教育行政部门提出的要求，制定出相应的培训项目，加大对职教师资的培训步伐和力度，努力提高办学质量和效益，在全国逐步建设一支能发挥示范作用的专业带头人和骨干教师队伍，带动整个职教师资队伍的建设。

教育部

二OO年五月十七日

附件：

第二批全国重点建设职业师资培训基地名单

哈尔滨工业大学、厦门大学、东北财经大学、云南大学、贵州大学、江西农业大学、山西大学、浙江工业大学、湖北工学院、广西工学院、西北轻工学院、河北师范大学、湖南师范大学、福建师范大学、浙江师范大学、重庆师范学院、吉林职业师范学院、安徽技术师范学院、南昌职业技术师范学院、广东职业技术师范学院、武汉职业技术学院、济南交通高等专科学校、辽宁仪器仪表工业学校、云南省旅游学校。

图 1-10 《关于公布第二批全国重点建设职业教育师资培训基地名单的通知》

2000 年 8 月，厦门大学成立网络教育学院，是国内较早举办网络教育的院校之一。2001 年 1 月，厦门大学被教育部批准为现代远程教育试点高校，主要专业有财政学、电子商务、网络经济学、会计学、社会管理等。至 2004 年 12 月，累计招收学生6714人，毕业1470人。

2004 年，根据厦门大学发展战略的调整，厦门大学原成人教育学院、职业技术学院和网络教育学院合并为“厦门大学继续教育与职业教育学院”。2005 年上半年，经省自考委同意，厦门大学不再承担自学考试开考体制改革试点专业本、专科的主考任务，不再承担面向社会开考的专科专业的主考任务[保留法律(基础科段)]，只承担面向社会开考的本科专业的主考任务，并停止自考助学办学活动。之后陆续退出自考领域，到 2017 年全面退出自学考试的主考工作。2005 年停招函授生，只保留少量的业余教育服务厦门地区的在职人员，根据社会需求变化及学院转型发展需要，至 2017 年停止业余教育招生。2007 年停止职业技术教育招生，2009 年该部分学生已全部离校，2010 年停止中职硕士班招生。2018 年，夜大学停止招生。

2013 年 8 月，为完善体制机制，强化规范管理，加快发展继续教育，厦门大学继续教育与职业教育学院正式更名为“厦门大学继续教育学院”。2018 年起停止专科层次网络教育招生，仅保留本科层次网络教育。目前，本科层次网络教育与非学历继续教育是学院保留的两大重点业务。2018 年，学校网络学历教育共招生9784人，其中高起本 739 人，专升本9045人。截至 2019 年 12 月 31 日，网络教育在校生为27780人。非学历继续教育以服务社会为宗旨，强化规范管理，通过有特色、高质量的多种课程模块和灵活多样的授课模式，打造了众多知名的高层次培训课程，2019 年共培训11684人次，以培训干部综合素养为主。

为加强对我校非学历继续教育办学的管理，2014 年学校成立了继续教育管理委员会，詹心丽副校长任主任，2019 年进行成员调整，由分管校领导邓朝晖副校长任主任。继续教育管理委员会下设办公室，挂靠继续教育学院，对全校非学历继续教育办学活动行使管理职能。为进一步规范我校继续教育办学活动，贯彻落实教育部有关继续教育“管办分离”文件精神，2019 年 10 月 15 日厦门大学继续教育管理处正式成立，对全校继续教育办学活动行使管理职能，下设综合管理科、培训管理科。成立继续教育管理处后，继续教育管理委员会办公室挂靠继续教育管理处。

目前继续教育管理平台中有 32 个非学历继续教育办学单位，2018 年、2019 年连续两年培训 10 万人次。

第二部分 党政管理

一、组织机构沿革（1921—1980 年）①

自 1926 年平民学校创办以来，在不同历史时期，继续教育办学由学生自发组织、教师志愿支持的扫盲教育、课余辅导，逐渐过渡到由机构设置完善、职能定位清晰的工农速成中学、业余大学等单位承担。数十载间，厦门大学始终坚守为国家和社会培养人才的初心和使命。

表 2-1　组织机构沿革表

时期	机构	领导
私立时期（1921—1937 年）	平民学校委员会	主席：钟自新（1926 年）
抗战迁汀时期（1937—1945 年）	推广社会教育委员会	主席：冯定璋（1938 年）
复员厦门时期（1945—1949 年）	社会教育推行委员会	主席：汪德耀（1945 年），委员名单详见附表 1
新中国成立后十七年（1949—1966 年）	附设职工业余学校	校长：陈汝惠（1950 年），范本昌（1957 年，兼）
	附设工农速成中学（1958 年年底撤销，改办附设工农预科）	（主任）校长：何永龄（1952 年，8 月奉部令），白世林、何永龄（1954 年，设第一、第二校长），陈新伯（1958 年） 党支部书记：白世林（1954 年，兼），朱宝梁（1957—1958，副职）

① 参考《鲁迅在厦门资料汇编》（第一集），厦门大学中文系，第 82 页，《厦大校史资料——组织机构沿革暨教职员工名录》（第五辑）内容。

续表

时期	机构	领导
新中国成立后十七年(1949—1966年)	附设工农预科	主任：陈新伯(1959年8月)，王春田(1960年)，黄选卿(1961年，副职—1963年12月) 党总支书记：陈新伯(1959年，兼)，黄选卿(1959年7月)，王春田(1960年，兼)，王新(1961年)，黄选卿(1961年11月—1963，兼)
	马列主义夜大学	校长：陆维特(1956年，兼)
	业余大学	校长：潘懋元[①](1960年，兼)
	业余文化技术学校	校长：梁敬生(1960年，兼)
	业余建筑工程技术学校	校长：周彬(1960年，兼)
	业余教育科(1961年10月改为干部教育科)	科长：林去病(1960年)
	干部教育科	科长：刘爱华(1961—1963年，后科长缺)
	文法学院—俄语专修科(1952年8月部分师生移并南京大学)	主任：吴心田(1952—1954年)
	经济(财经)学院—贸易专修科[②](增设至1954年)	主任：魏嵩寿(1952年代理)

① 引用文献中为“茂”。

② 1952年学校组织系统表里为教务处下设科。

续表

时期	机构	领导
新中国成立后十七年（1949—1966年）	理学院—航海专修科	主任：刘荣霖（1951年8月—1952年9月）
	工学院—土木专修科	主任：曾国熙（1952—1953年7月）
	工学院—地质专修科（1960年1月迁榕）	负责人、党支部书记：梁敬生（1958年）
“文革”期间（1966—1976年）	教务处—干部教育科	科长：（缺）

二、党组织机构沿革（1980年至今）

2004年，根据厦门大学发展战略的调整，原成人教育学院、职业技术学院和网络教育学院合并为厦门大学继续教育与职业教育学院。合并之前，成人教育学院、网络教育学院党组织挂靠中共厦门大学机关第二总支部委员会。职业技术学院于1999年成立，同时成立中共厦门大学职业技术学院总支部委员会，书记杨良兴，副书记林奋强。2004年，撤销中共厦门大学职业技术学院总支部委员会，有关领导干部的职务一并免除。2004年10月，成立中共厦门大学继续教育与职业教育学院总支部委员会。2013年，“厦门大学继续教育与职业教育学院”更名为“厦门大学继续教育学院”，与此同时，党总支更名为“中共厦门大学继续教育学院总支部委员会”。详见表2-2。

表 2-2　1980 年至今党组织机构沿革

时间	组织	主要领导
1992 年 12 月 2 日—2004 年 10 月	成人教育学院	党组织挂靠中共厦门大学机关第二总支部委员会
1999 年 9 月 15 日—2004 年 10 月	中共厦门大学职业技术学院总支部委员会	书记：杨良兴 副书记：林奋强
2000 年 8 月—2004 年 10 月	网络教育学院	党组织挂靠中共厦门大学机关第二总支部委员会
2004 年 10 月—2013 年 8 月	中共厦门大学继续教育与职业教育学院总支部委员会	书记：曾安（2004 年 10 月—2012 年 12 月） 蔡郑伟（2012 年 12 月—2013 年 8 月） 副书记：林奋强（2004 年 10 月—2008 年 3 月），吴喜平（2008 年 3 月—2011 年 12 月），郑碧娇（2011 年 12 月—2013 年 8 月）
2013 年 8 月至今	中共厦门大学继续教育学院总支部委员会	书记：蔡郑伟（2013 年 8 月—2019 年 3 月），邱旺土（2019 年 3 月至今） 副书记：郑碧娇（2013 年 8 月—2018 年 1 月），杨鸿飞（2018 年 1 月—2019 年 11 月）

三、行政机构沿革（1980 年至今）

1980 年职工业余大学复办以来，学校先后成立了成人高等教育处、成人教育学院、职业技术学院、网络教育学院、继续教育与职业教育学院（后更名为继续教育学院）、职工夜校、继续教育管理处等机构，继续教育体系日臻完善，办学得到长足发展。

表 2-3　1980 年至今行政机构沿革

<table>
<tr><th>时间</th><th>机构</th><th>主要领导</th></tr>
<tr><td>1980 年 8 月—1983 年 6 月 25 日</td><td>职工业余大学（1980 年秋季复办）</td><td rowspan="2">校长：潘懋元（1981 年 7 月，兼），辜联昆（兼，1984 年），郑学檬（兼，1987—1998 年 9 月），潘世墨（1998 年 9 月）
副校长：刘正坤（1981 年 7 月，兼），柯友根（1984 年 11 月—1990 年 3 月），吴秋滨①（1987 年 3 月—1992 年 12 月），黄远不②（1994 年 3 月—1999 年 12 月）</td></tr>
<tr><td>1983 年至今</td><td>夜大学（1983 年 6 月 25 日由职工业余大学更名）</td></tr>
<tr><td>1984 年底—1994 年</td><td>成人高等教育处</td><td>处长：柯友根（1987 年 3 月—1990 年 3 月），黄远不（1991 年 9 月—1994 年 3 月）
副处长：柯友根（1984 年 11 月—1987 年 3 月，兼，副职），吴秋滨③（1987 年 3 月 —1992 年 12 月），黄远不（1990 年 3 月—1991 年 9 月）</td></tr>
</table>

① 参考档案馆存档人事档案。

② 参考人事处存档人事档案。

③ 参考档案馆存档人事档案。

续表

时间	机构	主要领导
1992年12月2日—2004年10月	成人教育学院	院长：郑学檬[①](常务副校长兼，1992年12月—1996年)，杨友庭[②](1998年12月—2004年10月) 副院长：辜建德(校长助理兼，1994—1996年)，杨友庭(主持工作，1994年3月—1998年12月)，曾安[③](1998年12月—2004年10月29日)
1999年9月15日—2004年10月	职业技术学院	院长：杨圣云[④](1999年12月—2003年12月) 副院长：林祥斌[⑤](1999年9月—2004年10月)
2000年8月—2004年10月	网络教育学院	院长：邓力平(2000年8月—2004年) 副院长：商少平[⑥](2000年8月—2004年10月)，李进西[⑦](2001年11月—2004年7月)

① 参考人事处存档人事档案。
② 参考人事处存档人事档案。
③ 参考厦大人〔1998〕62号。
④ 参考厦大审报字〔2004〕第04号。
⑤ 参考人事处存档人事档案。
⑥ 参考厦大人〔2000〕39号及厦大人〔2004〕131号。
⑦ 参考档案馆存档干部任免材料。

续表

时间	机构	主要领导
2004年10月26日—2013年8月15日	继续教育与职业教育学院	院长：杨友庭（2004年10月—2006年12月），郑文礼[①]（2006年12月至2013年8月） 副院长：林振福[②]（2004年10月—2008年1月），林祥斌[③]（2004年10月—2013年8月），杨鸿飞[④]（2008年1月—2013年8月），王传金[⑤]（2008年1月—2013年8月）
2013年8月16日至今	继续教育学院[⑥]	院长：郑文礼[⑦]（2013年8月—2018年12月），夏侯建兵[⑧]（2018年12月至今） 副院长：王传金[⑨]（2013年8月—2017年8月），杨鸿飞[⑩]（2013年8月—2018年1月），郭如梅[⑪]（2017年8月至今），黄明伟[⑫]（2018年1月至今）

① 参考《郑文礼老师离任经济责任审计述职报告》。
② 参考厦大人〔2008〕15号。
③ 参考厦大人〔2004〕133号。
④ 参考厦大人〔2008〕15号。
⑤ 参考厦大人〔2008〕15号
⑥ 参考厦大人〔2013〕161号。
⑦ 参考厦大委组〔2018〕237号。
⑧ 参考厦大委组〔2018〕237号。
⑨ 参考厦大人〔2017〕38号。
⑩ 参考厦大委组〔2018〕10号。
⑪ 参考厦大委组〔2017〕38号。
⑫ 参考厦大委组〔2018〕10号。

续表

时间	机构	主要领导
2013年11月至今	职工夜校	校长：詹心丽[①](2018年8月退休) 常务副校长：郑文礼[②]
2014年6月至今	继续教育管理委员会	主任：詹心丽[③](2014年6月—2019年5月)，邓朝晖[④](2019年5月至今) 副主任：郑文礼[⑤](2014年6月—2019年5月)，夏侯建兵[⑥](2019年5月—2020年7月)，委员会委员名详见附表2
2019年10月至今	继续教育管理处	处长：邓朝晖[⑦](兼，2019年11月—2020年11月)，孙梓光[⑧](2020年11月至今) 副处长：杨鸿飞[⑨](2019年11月至今)

---

① 参考厦大办纪要〔2013〕24号。

② 参考厦大办纪要〔2013〕24号。

③ 参考厦大人〔2014〕93号。

④ 参考厦大人〔2019〕75号。

⑤ 参考厦大人〔2014〕93号。

⑥ 参考厦大人〔2019〕75号。

⑦ 参考厦大委组〔2019〕159号。

⑧ 参考厦大委组〔2020〕206号。

⑨ 参考厦大委组〔2019〕159号。

第三部分
办学发展

20 世纪 80 年代以来，厦门大学继续教育依托学校雄厚的师资力量和优良的办学条件办学，紧跟社会经济的发展步伐，不断调整专业，增加办学形式，提高办学层次，以适应国家社会经济发展的需要，走过了一段从小变大、由弱而强的办学道路。

一、夜大学

夜大学是厦门大学成人高等学历教育最早的一种办学形式，先后开办了专科、本科、专升本等 3 个学历层次。2003 年受“非典”影响，全国成人高考由上半年改到下半年进行，从 2004 年开始，学生由秋季入学改为春季入学。2018 年，夜大学停止招生。[①] 1981 年以来，已为社会培养11267名毕业生。毕业证书样式见图 3-1。

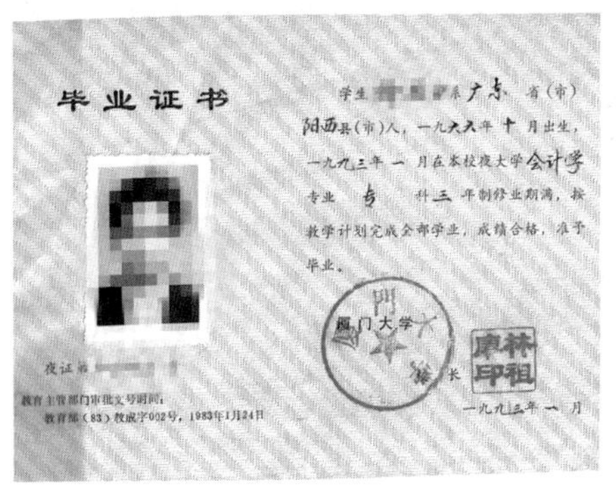

毕业证书

学生　　系广东省(市)阳西县(市)人，一九七六年十月出生，一九九三年一月在本校夜大学会计学专业专科三年制修业期满，按教学计划完成全部学业，成绩合格，准予毕业。

厦门大学

校长 林祖赓印

一九九三年一月

夜证第

教育主管部门审批文号时间：
教育部（83）教成字002号，1983年1月24日

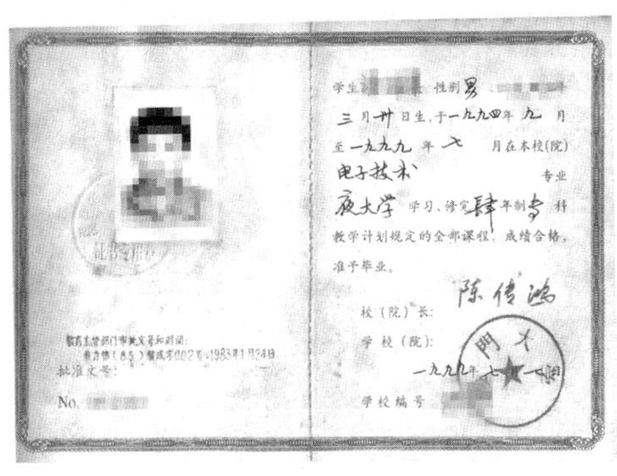

教育主管部门审批文号和时间：
教育部（83）教成字002号，1983年1月24日
批准文号：

No.

学生　　性别男　　三月廿日生，于一九九四年九月至一九九九年七月在本校(院)电子技术专业夜大学学习，修完肆年制专科教学计划规定的全部课程，成绩合格，准予毕业。

校（院）长：陈传鸿

学校（院）：

一九九九年七月一日

学校编号：

图 3-1　两版夜大学学生毕业证书样式

---

① 参考学院存档党政联席会议纪要。

夜大学主要面向厦门市招生，为厦门市社会经济发展培养人才。除医学院办过专升本临床医学专业外，1992 年，学校成立成人教育学院，夜大学主要由成人教育学院（夜大学）承担教学和管理，开设有会计学、中文、电子技术、秘书学等专业。[①] 成人教育学院（夜大学）每年向学校上报招生计划，经学校批准后上报教育部。成人高考结束后，学校招生部门根据福建省划定的录取分数线，从高到低择优录取。学生被录取后，成人教育学院（夜大学）根据专业教学计划制定每学期的开课计划聘请授课教师，组织教学活动。夜大学采取现场上课的教学方式，学生利用晚上或周末业余时间到学校上课，参加考试。学生修完教学计划规定的课程，成绩合格者，学校发给毕业证书，符合厦门大学成人高等教育学士学位授予条件的毕业生，经学校学位评定委员会审议表决后，可以授予成人高等教育学士学位证书。

二、函授

函授采取以自学为主、面授为辅的教学形式，每学期集中面授一次，时长约半个月。厦门大学函授教育创办时间早。1956 年秋季，厦门大学开办函授数学、物理、化学三个专业，数学专业招生 60 人，物理及化学专业各招生 30 人。[②] 1985 年，经济系开办经济管理、市场营销管理、价格管理、人口管理等 4 个专业，学制为 2 年。[③] 1987 年，开办国内函授高等学历教育，以专科教育为主。同年，成人高等教育处增设函授教育科，函授教育步入快速发展的轨道。1993 年，学校开始举办函授专升本教育。2006 年，函授教育停止招生。1987 年以来，函授培养毕业生 15385 名。图 3-2 为函授某届毕业班合影及毕业证书样式。

---

① 夜大学开设专业见附表 3。

② 参考 1956 年 5 月 31 日中华人民共和国教育部《关于综合大学函授教育的通知》高教部(56)综于大字第 400 号。

③ 数据来源：厦大成教〔1998〕23 号《厦门大学关于申请增设成人高等学历教育专业的报告》。

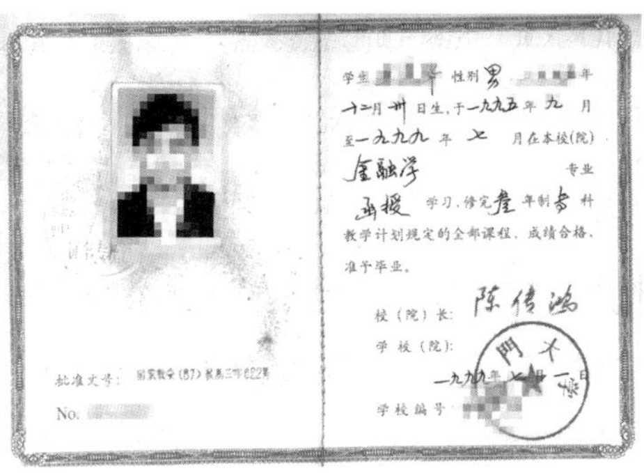

学生 性别男 年
十二月卅日生，于一九九五年九月
至一九九九年七月在本校(院)
金融学 专业
函授 学习，修完叁年制专科
教学计划规定的全部课程，成绩合格，
准予毕业。

校(院)长：陈传鸿
学校(院)：
一九九九年七月 日
学校编号

批准文号：
No.

图 3-2 函授教育学生毕业班合影及毕业证书样式

函授一般由各专业院系负责教学，成人教育学院负责监督管理。成人教育学院每年向学校上报招生计划，经学校批准后上报教育部。专业院系每学期须将专业开课计划、面授安排等教学材料报成人教育学院审批。成人高考结束后，学校招生部门根据福建省划定的录取分数线，从高到低择优录取。学生录取后，有关专业院系根据专业教学计划，制定每学期的开课计划，进行教学。学生毕业时，各专业院系须将毕业生名单、教学计划、学生成绩等提交成人教育学院审批。学生修完教学计划规定的课程，成绩合格、符合毕业条件者，发给毕业证书。符合厦门大学成人高等教育学士学位条件的毕业生，经学校学位评定委员会审议表决后，可以授予成人高等教育学士学位证书。企业管理系、数学系、经济系、法律系、财政系、国贸系、土木工程系、音乐系、美术系、新闻系等先后开办过函授，包括工商管理、经济学、金融学、音乐学、美术学、土木工程等专业。① 成人教育学院除管理全校函授教育外，也开办会计学、工商管理等专业函授工作。

厦门大学曾先后在龙岩市中华会计函授学校龙岩分校、新疆乌鲁木齐高新技术开发区教育中心、云南省银行投资学校、温州大学经济与行政管理系等单位设立函授站，②开展教学。函授站的教学、考试、管理均由有关院系负责，有关院系每学期选派教师到函授站开展教学、考试工作。

---

① 函授开设专业见附表 4。

② 厦门大学函授站见附表 5。

三、干部专修科

我国干部专修科兴办于1980年，由学校主管部门或主管省（自治区、直辖市）编制招生计划，报教育部、原国家计委审批，纳入当年国家招生计划，但不参加全国高等学校统一招生考试，不属于全国高等学校统一招生范围，招生对象为“年龄在45岁以下、具有高中毕业文化程度或同等学力、身体健康、有培养前途的优秀中青年干部”；学校根据各部门、各系统事业发展的需要和培训对象的实际水平，确定学习专业和开设课程，拟定教学计划、编写教材，并建立考试等学习管理制度；有关部门和省（自治区、直辖市）高教（教育）局（厅）会同党委宣传部、组织部和政府人事部门组织在职干部报考，经学校进行文化考试和体格检查，择优录取；学习年限2～3年；“学习期满，考试合格，发给毕业证书，并照专科毕业对待”。①

1984年5月，教育部、原国家计委、财政部发布了《高等学校举办干部专修科，中等专业学校举办干部、职工中专班的试行办法》，进一步规范干部专修科的办学：一是规定干部专修科的年度招生数按不超过各省、自治区、直辖市和各中央部门所属高等学校当年本专科招生数10%的比例安排，允许有条件的高等学校在校外设点办班，由委托单位就近（在学校所在城市）提供办学条件，学校组织教学活动。二是规定干部专修科具有委托培养性质，委托单位可直接与有关学校洽商和签订举办干部专修科合同，报学校主管部门批准，学生来源计划由委托单位制订。三是规定干部专修科的学制为2～3年，“凡按规定的学习年限，修完有关课程，经考试合格者，可发给毕业证书，并分别按照高等专科学校和中等专业学校毕业生对待”。四是招生对象调整为“年龄在40岁以下，具有高中毕业文化程度或同等学力，工作年限在五年以上，身体健康，有培养前途的现职优秀中青年干部”。五是规定承担举办干部专修科的高等学校要根据培养目标要求，拟定教学计划，编写教材，组织教学工作并建立严格的学习管理制度，保证教学质量，培养出合格的毕业生。六是规定干部专修科学员在校学习期间，工资由原单位照发，并按国家规定享受探亲和公费医疗等非生产性的福利待遇，所需费用由

---

① 教育部、原国家计委、财政部《关于高等学校、中等专业学校举办干部专修科和干部培训班暂行办法的通知》（1980年8月30日）。

原单位支付，学生毕业后，一律回原单位工作。[①]

厦门大学自1983年开始举办干部专修科。该年秋，由福建省司法厅主办，厦大法律系受福建省委组织部委托开设法律系干部专修科，录取36人。[②] 1984年，举办电子计算机专修科。[③] 1984年秋，福建省委宣传部委托厦门大学中文系举办对外宣传干部专修科，共招三届，学制2年。[④] 1984年，厦大哲学系与驻厦部队31军联合举办党政干部基础专业干部专修科，学制2年。1985年，厦大哲学系与驻厦部队31军联合举办党政干部基础专业干部专修科，学制1.5年。[⑤] 1985年秋季，经济系开始举办人口学干部专修科，学制2年，1985秋计划招收40名，1987年再招40名。[⑥]

自1983年至1995年，哲学系、法律系、经济系等先后受福建省委宣传部、驻厦部队31军等有关单位委托举办党政干部基础理论等专业的干部专修科，[⑦]累计培养毕业生1046人。

四、自学考试

1983年，厦门大学开始承担福建省高教自学考试主考任务。1988年6月8日，根据闽教考〔88〕21号文件《关于调整我省高等与中等专业教育自学考试指导委员会成员的通知》精神，厦门大学推荐郑学檬、潘懋元、吴水澎、张亦春、盛新民、方贻岩等为省考委成员。[⑧] 随着厦门大学发展战略的转变，从2005年起，厦

---

① 教育部、原国家计委、财政部《高等学校举办干部专修科，中等专业学校举办干部、职工中专班的试行办法》(1984-05-15)〔84〕教计字086号。

② 数据来源：闽政〔1982〕综609号《关于干部专修科情况的汇报材料(一九八四年八月三十一日)》。

③ 数据来源：厦大校教字〔1984〕56号。

④ 数据来源：闽政〔1984〕综401号《关于在厦门大学举办对外宣传干部专修科的报告》；闽委宣〔1985〕028号。

⑤ 数据来源：厦大校教字〔1985〕62号《关于党政干部基础专业干部专修科学制问题的报告》。

⑥ 数据来源：福建省计划生育委员会、厦门大学《关于在厦大经济系举办人口学干部专修科的协议》。

⑦ 干部专修科举办专业见附录6。

⑧ 参考厦大教字〔1988〕68号。

门大学不再承担自学考试开考体制改革试点专业本、专科的主考任务，并停止自考助学办学活动，不再承担面向社会开考的专科专业的主考任务[保留法律(基础科段)]，只承担面向社会开考的本科专业的主考任务，并停止自考助学办学活动，。随着厦门大学向“建成世界知名高水平研究型大学”的目标不断迈进，教学、科研等事业的不断发展，且承担主考任务的大部分专业的生源已大幅度萎缩，2013 年，厦门大学向福建省自学考试委员会申请不再承担高教自学考试主考任务。2017 年 7 月，厦门大学全面退出自学考试主考。至 2017 年 12 月，自学考试毕业生65857人。自学考试毕业证书样式见图 3-3。

高等教育自学考试

毕业证书

姓　名:

身份证号: 350524

证书编号: 65350501041

参加 法律 专业 本科 高等教育自学考试，全部课程成绩合格，经审定，准予毕业。

福建省
高等教育自学考试委员会
2007年 6 月 30 日

高等院校
厦门大学
2007年 6 月 30 日

中华人民共和国教育部高等教育自学考试办公室监制

No.07 02387023

图 3-3　自学考试学生毕业证书样式

自学考试学籍管理由福建省自考办负责，参加我校主考专业的毕业生，符合厦门大学成人高等教育学士学位授予条件，经学校学位评定委员会审议表决后，可以授予成人高等教育学士学位证书。

厦门大学主考的专业不断调整，陆续申请新增主考一些专业的，同时也退出一些主考专业。①

---

① 厦门大学历年新增主考专业见附表 7。

五、成人脱产

成人脱产是厦门大学成人高等教育的办学形式之一，学历层次有专科、本科，始于 1996 年。1999 年，增设“计算机科学与技术”“国际经济与贸易”两个高中起点本科专业。2004 年起停止招生。至 2007 年，毕业学生2874人。成人脱产毕业证书样式见图 3-4。

（无国家教育委员会成人高等教育证书专用章无效）

批准文号：国家教委教重（1996）03号

证书编号

学生　青，性别男，　年三月六日生。于一九九六年九月至一九九八年七月在本校（院）会计电算化专业脱产学习，修完贰年制专科教学计划规定的全部课程，成绩合格，准予毕业。

校（院）长　康林祖印

学校（院）

一九九八年七月一日

图 3-4　成人脱产毕业证书样式

成人教育学院每年向学校上报招生计划，经学校批准后上报教育部。成人教育学院和有关院系均举办过成人脱产，各专业院系举办的成人脱产的有关专业，专业院系负责教学，成人教育学院负责监督管理，专业院系每学期须将专业开课计划报成人教育学院审批。成人高考结束后，学校招生部门根据福建省划定的录取分数线，从高到低择优录取。国际经济与贸易系、计算机科学系、物理系、电子工程系、计划统计系、法律系、外文学院等举办过国际经济与贸易、计算机科学与技术、计算机网络管理、电子科学与技术、投资与房地产管理、经济法、英语等专业。①

学生修完教学计划规定的课程，成绩合格、符合毕业条件者，发给毕业证书。符合成人高等教育学士学位条件的毕业生，经学校学位评定委员会审议表决后，可以授予成人高等教育学士学位证书。

---

① 成人脱产开设专业见附表 8。

六、专业证书班

20 世纪 80 年代,“我国有相当数量在专业技术岗位或专业性较强的管理岗位上工作的具有高中毕业文化程度的在职人员,他们通过长期的工作实践已具有了一定的专业知识和实践能力,但未达到现行任职资格所要求的大专毕业文化程度。对其中具备一定条件的同志不必要求他们再接受系统的学历教育以获得大专毕业证书,而应以学习和掌握其从事专业技术和管理工作所需要的专业知识为主”,因此,国家教委、人事部决定建立《专业证书》制度,“以使他们经过有针对性的专业知识学习,达到岗位所要求的大专学历层次的专业知识水平”,并于 1988 年 4 月下发了《关于成人高等教育试行〈专业证书〉制度的若干规定》。成人高等教育《专业证书》,是学员经过学习、考试合格,表明已达到了岗位所要求的大专层次专业知识水平的一种证明,《专业证书》不能作为岗位培训合格证书(岗位培训合格证书,是上岗的一种资格证明),也不等同于大学专科毕业证书。《专业证书》只在本行业本专业的工作范围内适用,仅作为评定、聘任专业技术职务、管理职务和其他职务的任职资格的依据之一。若转换其他专业岗位,则应再接受新的专业知识教育,取得新的《专业证书》。①

厦门大学于 1987 年开始举办专业证书班,2000 年停办,毕业学生8295人。经济系、法律系、财金系、中文系、政治学系、数学系等均举办专业证书班,包括人口学、金融、政工、法律(林业)、行政管理、乡镇企业经济管理、税务等专业。② 专业证书班有脱产、半脱产、业余三种学习形式,脱产的学制为 1 年,半脱产、业余的学制为 1.5～2 年。根据国家教委、人事部“举办《专业证书》教学班,一般由省、自治区、直辖市及计划单列市有关业务主管部门或中央直属企事业单位根据本部门、本单位的实际需要,在落实承办学校后,向承办学校所在省、自治区、直辖市及计划单列市教育主管部门提出申报,经批准后方可开班。申报内容应包括委托学校、开设专业、教学计划、学员人数及办学形式等”的规定,我校成人教育学院、数学系、财金系、经济系、中文系、马列部等受福建省有关单位委托,曾举办过现代经济管理等有关专业的专业证书班。参加《专业证书》学习的对象同时具备以下条件:(一)从事专业技术工作或专业性较强的管理工作,确属本系统、

---

① 国家教委、人事部《关于成人高等教育试行〈专业证书〉制度的若干规定》的通知〔88〕教高三字 006 号。

② 专业证书开设专业见附表 9。

本单位工作需要而尚未达到岗位所要求的大专毕业文化程度的在职人员；（二）具有高中毕业文化程度；（三）具有五年以上本岗位专业工龄，所学专业对口；（四）年龄一般应在三十五岁以上，符合以上条件的在职人员，由所在单位推荐，上级业务主管部门批准，经学校文化考核合格后，方能入学。《专业证书》教学班一般设置八至十门课程，理论教学总学时数不低于八百学时。学员学完教学计划规定的全部课程，考试成绩合格者，发给成人高等教育《专业证书》。《专业证书》由省、自治区、直辖市及计划单列市教育主管部门或国务院有关部委教育司（局）统一印制，厦门大学盖印，经有关业务主管部门验印后，由学校颁发。专业证书班某届毕业合影和证书样式见图 3-5 和图 3-6。

图 3-5 专业证书班毕业留念

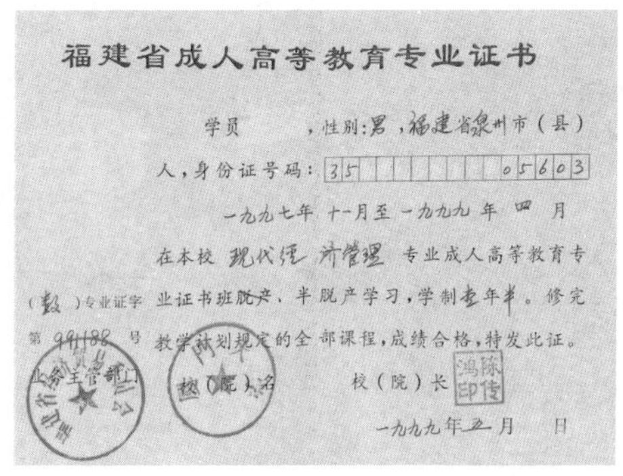

福建省成人高等教育专业证书

学员 ，性别：男，福建省泉州市（县）人，身份证号码：35 05603

一九九七年十一月至一九九九年四月在本校现代经济管理专业成人高等教育专业证书班脱产、半脱产学习，学制壹年半。修完教学计划规定的全部课程，成绩合格，特发此证。

（数）专业证字第 99188 号

业务主管部门

校（院）名

校（院）长 陈传鸿印

一九九九年五月 日

图 3-6 专业证书样式

七、职业教育

1999 年,应社会经济建设发展的需要,厦门大学成立职业技术学院,并于当年被确定为全国首批 15 所“示范性职业技术学院建设单位”之一,于 2000 年被确定为全国第二批“全国职教师资培训培养重点建设基地”,以“培养德智体全面发展,面向生产、管理和服务第一线职业岗位,具备综合职业能力和全面素质的高级实用型技术人才”为目标。所举办的专业均以社会需求为导向,为加强学生实践能力的培养,在教学计划中加大实践性教学课时的比例,设立了多个学生实训基地,仅厦门地区就有美国 DELL 计算机(厦门)制造销售中心、英国太古(厦门)飞机工程有限公司、美国通用电器公司(厦门)飞机发动机公司、厦华电子股份有限公司、厦新电子股份有限公司、厦门万利达电子股份有限公司、厦门航空股份有限公司、厦门旅游集团公司、厦门京闽中心酒店、厦门路桥总公司等十多家实训基地。某届职业教育学生合影见图 3-7。

图 3-7　职业教育学生合影

2004 年,根据厦门大学发展战略的调整,原成人教育学院、职业技术学院和网络教育学院合并为“厦门大学继续教育与职业教育学院”，开设飞机维修工程、高级护理、计算机应用与维护、应用电子技术、旅游管理、行政管理等专业，[①]有专科、本科、专升本等三个学历层次，累计招生2320人，培养毕业生2252人。

职业教育学生参加普通高考，厦门大学招生办统一录取，按照全日制本科生进行管理。毕业生以普通全日制学生进行学历电子注册，按照厦门大学普通全日制本科生的方式授予学士学位。

2001 年至 2003 年，为了培养职业教育师资，职业技术学院开设会计学、电子信息科学与技术、计算机科学与技术、网络经济学、电子信息工程、旅游管理等专业，通过高职单招方式，录取学生，学制为 5 年。

八、网络教育

2000 年 8 月，厦门大学网络教育学院成立。2001 年 1 月，学校被教育部批准为现代远程教育试点高校，是国内较早举办网络教育的院校之一。2004 年，根据厦门大学发展战略调整成立的厦门大学继续教育与职业教育学院，重点发展网络教育和高层次培训，成人教育保留夜大学办学形式，以满足学校所在地厦门地区在职人员继续教育的需要。2013 年 8 月，为完善体制机制，强化规范管理，加快发展继续教育，学院正式更名为“厦门大学继续教育学院”。

网络教育学生主要参加学校的自主招生考试，学院先后招收专科、本科、专升本等学历层次的学生，开设法学、工商管理、会计学、土木工程等专业。[②] 高起专学生 2009 年春季开始招收，2018 年停招。厦门大学先后在福建、江苏、浙江、广东、上海、新疆、江西等省设立了数十个学习中心，[③]到 2019 年 12 月，累计培养毕业生66044人。网络教育毕业证书样式见图 3-8。

---

① 职业教育 1999—2007 年招生情况见附表 10。

② 网络教育开设专业见附表 11。

③ 厦门大学远程教育校外学习中心见附表 12。

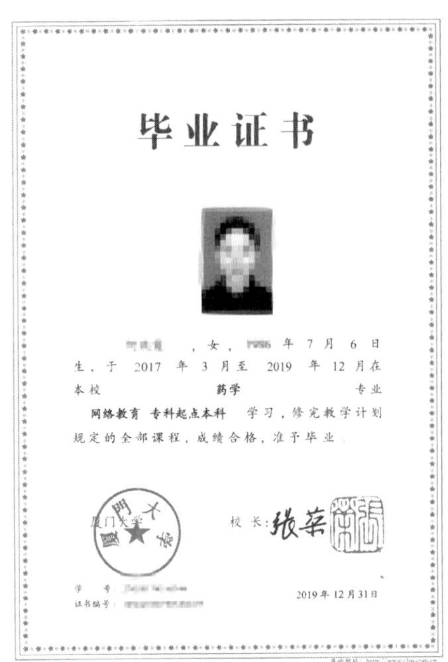

毕业证书

，女，　年 7 月 6 日生，于 2017 年 3 月至 2019 年 12 月在本校 药学 专业 网络教育 专科起点本科 学习，修完教学计划规定的全部课程，成绩合格，准予毕业。

校长：张荣

学　号：

证书编号：

2019年12月31日

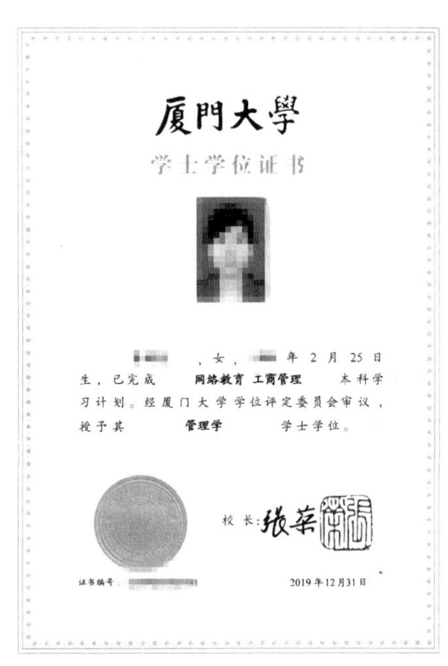

厦門大學

学士学位证书

，女，　年 2 月 25 日生，已完成 网络教育 工商管理 本科学习计划。经厦门大学学位评定委员会审议，授予其 管理学 学士学位。

校长：张荣

证书编号：

2019年12月31日

图 3-8　网络教育学生毕业证书及学士学位证书样式

2001 年至 2004 年，网络教育主要采取卫星直播的教学形式，学生在各学习中心通过中心的卫星小站，实时收看老师的上课内容。2004 年至 2008 年，教学形式改为采用因特网直播＋点播模式，教师在录播教室上课，授课内容进行直播的同时，也进行同步录制，并在课后上传至学习平台。厦门本地学生可以到录播教室现场上课，外地学习中心的学生既可以参加直播上课，也可以登录学习平台点播视频课件进行学习。从 2008 年 11 月开始，学院开始建设网络课程课件，教学形式转为网上课件学习。随着信息技术的发展，课件形式越发丰富，从三分屏课件发展到高清大屏直拍模式网络课件、虚拟讲堂模式网络课件等。①

学生修完教学计划规定的课程，成绩合格、符合毕业条件者，发给毕业证书。符合成人高等教育学士学位条件的毕业生，经学校学位评定委员会审议表决后，可以授予成人高等教育学士学位证书。

① 学习资源建设具体内容见第五部分。

九、中职硕士

中职硕士，是一种面向中等职业学校教师举办的职业型学位，它的意义在于为学校培养“双师型”教学人才。2000 年，厦门大学开始招收中职硕士，由职业技术学院与金融系、财政系、计算机科学与技术系、教育研究院、旅游管理系等专业院系联合举办，职业技术学院负责公共课的教学及日常教学管理，学籍管理由学校研究生院负责，专业课程及论文则由专业院系负责，开设的专业有金融学、计算机应用技术、政治经济学、财政学、教育经济与管理、旅游管理等。

入学方式是参加全国联考。招生对象为国民教育序列大学本科毕业，在中等职业学校从事两年以上教学工作，教学水平较高，并具有一定的科研能力的在职教师；或者国民教育序列大学本科毕业，省、地、市级职教教研室（研究所）从事三年以上教研工作的研究人员。中职教师在职攻读硕士学位采用脱产学习与在职学习相结合的方式进行培养，学制为 3 年。

十、职工夜校

为提高我校职工素质与技能，营造终身学习的氛围，2013 年 11 月 15 日，第 24 次校长办公会议决定成立“厦门大学职工夜校”，为本校全体职工提供继续教育服务。职工夜校纳入学校继续教育体系，由我校原副校长詹心丽兼任校长，继续教育学院原院长郑文礼兼任常务副校长，同时成立校务委员会负责职工夜校管理工作，校务委员会由继续教育学院、学生工作部（处）、人事处、教务处、财务处、教师发展中心、校工会、校团委、资产经营公司、国际学术交流中心、后勤集团等单位有关负责人组成。厦门大学职工夜校属公益办学，课程均由本校教师、学生志愿者负责讲授。

2013 年 12 月 20 日第 27 次校长办公会议进一步研究部署了职工夜校有关工作，要求尽快启动并重点办好我校职工非学历继续教育培训工作，参加远程学历教育的职工纳入学校现有的远程学历教育体系。随后，职工夜校综合管理办公室成立，挂靠继续教育学院，专门负责职工夜校的办学相关事务。在校工会、人事处、教务处、教师发展中心、学生工作部（处）及校团委等单位的配合支持下，继续教育学院牵头在全校范围内发起联合倡议，发动全体教师、研究生、高年级本科生等志愿讲授课程，动员我校师生积极参与职工夜校的教育培训工作，这一倡议得到广大师生的积极响应。根据学校的决定，职工夜校对参加非学历培训的职工实行免费，对参加远程学历教育的职工给予学费部分减免。[①]职工夜校2014年春季首次开班便招收了69名网络教育新生。同时，商务英语、商务礼仪、计算机应用等成为非学历培训首批开设的热门专题，吸引了来自厦门大学国际学术交流中心、后勤集团及资产经营公司的324人次报名。职工夜校第一期结业典礼盛况见图3-9。

图3-9 厦门大学职工夜校结业典礼盛况

十一、非学历继续教育（高端培训）

20世纪70年代至80年代，学校根据社会需求，采取灵活方式，开展了各类短线、热门的非学历继续教育，培养技术与管理方面的急需人才。1984年年底，厦门大学成立了成人高等教育处 。1988年结合我校实际，发布了《厦门大学贯彻执行"关于社会力量办学的若干暂行规定"的决定》，对各种类型的短期职业技术教育班、岗位培训班、继续教育的进修班、各种形式的单科培训、自学考试辅导

① 参考厦门大学职工夜校网站。

办班流程、办班内容、宣传方式、收费标准等均进行了严格规定。我校非学历继续教育发展步入规范化、制度化管理阶段。

2004年，厦门大学继续教育与职业教育学院（于2013年更名为厦门大学继续教育学院）重点发展网络学历继续教育和非学历继续教育。自2005年开办了第一期青海省教育厅“教育管理”培训班（见图3-10）以来，经过多年发展，学院成功组织了一系列高端培训项目，学员遍布全国各地，为学习型社会的创建做出了积极贡献。

图3-10　2005年学院首期非学历高端培训班——青海省教育厅“教育管理”培训班开班式

党的十六大以来，党中央提出了大规模培训干部、大幅度提高干部素质的战略任务。2006年，随着《干部教育培训工作条例（试行）》《2006—2010年全国干部教育培训规划》等系列重要文件先后发布，干部培训进入快速发展阶段。我院非学历继续教育顺应时代发展新要求，注重质量建设和品牌树立，进入发展新阶段。

党的十八大报告中强调要“完善终身教育体系，建设学习型社会”。十八届三中全会提出要“深化教育领域综合改革”，推进继续教育改革发展。中共中央于2013年印发了《2013—2017年全国干部教育培训规划》，指出干部教育培训是建设高素质干部队伍的先导性、基础性、战略性工程，在推进中国特色社会主义伟大事业和党的建设新的伟大工程中具有不可替代的地位和作用。随着党和国家对干部培训的进一步重视，社会期望和需求的不断增加，继续教育迎来了重要的发展机遇期。学院非学历继续教育经过几年的发展，已具备了一定的品牌影响力。这一时期，学院充分利用学校的学科优势，紧紧围绕国家政治、经济、文化的发展战略部署，把党政干部、企业经营管理人才的素质提升作为非学历教育的重点，针对各领域骨干人员对知识更新、能力提升和情操陶冶的学习需求，依托我校优质教育资源和特有的校园文化，不断完善培训体系和培训内容，提高培训质量和服务水平，形成了“课程内容丰富、培训过程规范、服务质量优秀”的厦门大学非学历继续教育的鲜明特色，非学历继续教育进入快速发展时期。2005年以来，累计培训1310班次，培训67739人次。（数据截至2019年12月31日）

第四部分 办学成果

厦门大学继续教育办学历史悠久，办学形式丰富，为国家社会经济发展培养了大量毕业生。据不完全统计，1981 年至 2019 年，学历教育已培养毕业生 164594人。由于材料缺失等原因，2011 年以前获得学位的人数未作统计，仅统计 2011 年以来的学位授予人数。

一、夜大学

1981 年至 2019 年，夜大学招生、毕业人数见表 4-1。

表 4-1 1981 年至 2019 年夜大学招生与毕业生数

序号	年度	招生数	毕业生数
1	1981	28	—
2	1982	35	—
3	1983	48	—
4	1984	67	—
5	1985	128	25
6	1986	44	31
7	1987	69	44
8	1988	159	40
9	1989	99	76
10	1990	121	14

续表

序号	年度	招生数	毕业生数
11	1991	159	71
12	1992	153	110
13	1993	241	155
14	1994	488	106
15	1995	633	679
16	1996	468	697
17	1997	495	843
18	1998	496	829
19	1999	482	435
20	2000	463	333
21	2001	632	340
22	2002	479	342
23	2003	465	349
24	2004	418	566
25	2005	597	352
26	2006	422	0①
27	2007	413	369
28	2008	420	542
29	2009	423	376
30	2010	631	361
31	2011	631	365

① 受2003年“非典”影响，2004年的学生改为春季入学，所以2006年没有毕业生。

续表

序号	年度	招生数	毕业生数
32	2012	557	370
33	2013	420	479
34	2014	382	494
35	2015	223	449
36	2016	123	657
37	2017	97	189
38	2018	—	107
39	2019	—	72
合计		12209	11267

2011 年至 2019 年，夜大学授予成人高等教育学士学位人数见表 4-2。

表 4-2　2011 年至 2019 夜大学授予成人高等教育学士学位人数

序号	年度	人数
1	2011	93
2	2012	375
3	2013	91
4	2014	78
5	2015	156
6	2016	89
7	2017	140
8	2018	67
9	2019	27
合计		1116

二、函授

1987 年至 2008 年，函授招生人数、毕业人数见表 4-3。

表 4-3 1987 年至 2008 年函授招生与毕业生数

序号	年度	招生数	毕业生数
1	1987	142	—
2	1988	179	—
3	1989	327	—
4	1990	315	122
5	1991	247	143
6	1992	200	260
7	1993	580	287
8	1994	1367	236
9	1995	1449	166
10	1996	1251	427
11	1997	952	1100
12	1998	1193	1328
13	1999	1155	1096
14	2000	1174	904
15	2001	1411	1063
16	2002	1648	1068
17	2003	2055	1170
18	2004	2015	1392
19	2005	971	1750

续表

序号	年度	招生数	毕业生数
20	2006	—	—[①]
21	2007	—	1942
22	2008	—	931
合计		18631	15385

三、干部专修科

1983年至1997年，干部专修科累计招生、毕业人数见表4-4。

表4-4　1983年至1997年干部专修科招生与毕业生数

序号	年度	招生数	毕业生数
1	1983	36	—
2	1984	163	—
3	1985	338	36
4	1986	114	159
5	1987	139	329
6	1988	120	113
7	1989	57	139
8	1990	27	116
9	1991	24	56
10	1992	20	26
11	1993	8	23
12	1994	19	19

① 受2003年“非典”影响，2004年的学生改为春季入学，所以2006年没有毕业生。

续表

序号	年度	招生数	毕业生数
13	1995	13	7
14	1996	—	11
15	1997	—	12
合计		1078	1046

四、自学考试

1987 年至 2017 年，自学考试培养毕业人数见表 4-5。

表 4-5　1987 年至 2017 年自学考试毕业生数

序号	年度	毕业人数
1	1987	873
2	1988	3563
3	1989	2686
4	1990	1597
5	1991	1527
6	1992	286
7	1993	824
8	1994	893
9	1995	1050
10	1996	659
11	1997	946
12	1998	2559
13	1999	3616
14	2000	1628

续表

序号	年度	毕业人数
15	2001	3068
16	2002	4344
17	2003	4126
18	2004	4274
19	2005	3386
20	2006	3252
21	2007	3197
22	2008	1869
23	2009	1779
24	2010	1675
25	2011	1869
26	2012	2122
27	2013	2420
28	2014	1756
29	2015	1507
30	2016	1734
31	2017	773
合计		65858

2011 年至 2018 年，自学考试授予成人高等教育学士学位人数见表 4-6。

表 4-6　自学考试授予成人高等教育学士学位人数

序号	年度	人数
1	2011	142
2	2012	164
3	2013	442
4	2014	448
5	2015	310
6	2016	339
7	2017	196
8	2018	13
合计		2054

五、成人脱产

1996 年至 2007 年，成人脱产招生、毕业人数见表 4-7。

表 4-7　1996 年至 2007 年成人脱产招生与毕业生数

序号	年度	招生数	毕业生数
1	1996	498	—
2	1997	514	—
3	1998	449	359
4	1999	419	411
5	2000	391	420
6	2001	421	311
7	2002	321	239

续表

序号	年度	招生数	毕业生数
8	2003	226	368
9	2004	221	377
10	2005	—	180
11	2006	—	91
12	2007	—	118
合计		3460	2874

六、专业证书班

1987 年至 2000 年，专业证书班招生人数、毕业人数见表 4-8。

表 4-8　1987 年至 2000 年专业证书班招生与毕业生数

序号	年度	招生数	毕业生数
1	1987	13	—
2	1988	66	—
3	1989	312	72
4	1990	648	211
5	1991	368	555
6	1992	378	460
7	1993	154	33
8	1994	1034	436
9	1995	1616	789
10	1996	1374	608
11	1997	2021	515

续表

序号	年度	招生数	毕业生数
12	1998	780	1269
13	1999	551	1338
14	2000	—	2009
合计		9315	8295

七、职业教育

1999 年至 2008 年，职业教育招生、毕业人数见表 4-9。

表 4-9 1999 年至 2008 年职业教育招生与毕业生数

序号	年度	招生数	毕业生数
1	1999	325	—
2	2000	347	—
3	2001	357	—
4	2002	603	311
5	2003	426	337
6	2004	166	546
7	2005	51	409
8	2006	44	136
9	2007	1	207
10	2008	—	155
11	2009	—	151
合计		2320	2252

八、网络教育

2001 年至 2019 年，网络教育累计招生、毕业人数见表 4-10。

表 4-10　2001 年至 2019 年网络教育招生与毕业生数

序号	年度	招生数	毕业生数
1	2001	543	—
2	2002	3509	—
3	2003	1885	—
4	2004	777	1470
5	2005	908	2186
6	2006	582	1738
7	2007	1959	546
8	2008	2414	1088
9	2009	4906	792
10	2010	5121	731
11	2011	5455	1505
12	2012	7406	3891
13	2013	8271	4512
14	2014	7753	4705
15	2015	8279	5972
16	2016	10369	9939
17	2017	18088	6283
18	2018	9784	7563
19	2019	7507	13123
合计		105516	66044

2011年至2019年，网络教育授予成人高等教育学士学位人数见表4-11。

表4-11 网络教育授予成人高等教育学士学位人数

序号	年度	人数
1	2011	111
2	2012	191
3	2013	2116
4	2014	252
5	2015	414
6	2016	284
7	2017	322
8	2018	248
9	2019	182
合计		4120

九、中职硕士

据不完全统计，2005年至2009年，中职硕士共录取69人。中职硕士由各办学院系办理授予学位工作，职业技术学院未参与这项工作，因而未能统计出中职硕士授予学位的人数。

十、职工夜校

职工夜校是我校落实党的群众路线教育实践活动为民惠民的实事之一。职工夜校的愿景是让本校职工都能有参加职工夜校继续教育的机会，并取得相应的继续教育证书。对于参训的在校职工，继续教育培训平台，能够帮助其培养学习兴趣，树立终身学习意识，不断提升自身素质；对于参与教学工作广大师生，鼓励其积极参与公益事业，不仅有利于知识的传播、教育资源的共享，也有利于服务意识、奉献精神的共创，对于促进“和谐校园、美好厦大”的建设有着重要意义。自2013年成立以来，面向思明、翔安、漳州三大校区共举办六期培训班，开设24个专题，共有750余名学员获得结业证书，表彰100多名优秀职工学员，近170名职工参加网络学历教育学习并享受学费减免，实现了帮助广大教职工树立终身学习意识的目标，成为我校践行终身学习理念的良好范本。

十一、非学历继续教育（高端培训）

(一)办学情况介绍

1.整合资源，打造名师名课

通过聘请校内外大量名师，不断提高课程质量和授课效果，形成一套质量较高的培训课程体系。学院积极整合校内外优质师资，建立一支200余人的较高层次的兼职师资队伍，积累近千个专题和讲座，形成涵盖时政热点、社会治理、经济发展、企业管理等多领域、多学科的精品培训课程模块18个。①

2.规范体系，改进培训质量

建立和完善培训管理工作制度，细化培训标准，规范培训业务流程，完善各类培训资料，形成了一套专业化程度较高的培训服务管理体系。不断改善非学历教育教学服务，注重与授课教师及培训学员的互动交流，尽可能地优化服务过程；注重客户回访，与客户建立稳定的合作关系。多年来，非学历继续教育的培训工作获得了较高的社会认可度，学院培训满意率始终保持在95%以上。

3.开拓市场，塑造优质品牌

依托海西优势，依靠厦大品牌影响，积极服务地方社会、服务西部建设。我院与西部地方政府、大型企业集团合作，开展高层次人才培养培训工作，以内容丰富、形式多样的高端培训满足西部地区的管理干部队伍素质提升需求。创新办学模式，除了常规的单位定制模式，我院尝试与其他高校、培训机构、校友会等开展合作办学，借用外部力量，激活内部资源，保证我院的资源用于最有优势的

① 学院非学历高端培训课程模块见附表13。

领域。同时，积极响应学校与各地市的战略合作协议，服务地方人才队伍建设，并利用校友会资源，扩大品牌影响力。在保证办学质量的前提下，探索与国内其他机构联合办学，拓展办学形式。目前，我院的培训区域已经覆盖全国，与我院建立长期合作关系的培训客户有广西中信大锰矿业集团、云南省委办公厅等 20 多个单位。①

（二）办学模式创新

根据形势的发展和需要，及时调整课程内容。紧密结合时政热点，拓展培训的内容和视野，增强培训模块对客户的吸引力。积极探索培训发展新思路，加强与各级政府各企事业单位合作，创新办学模式。除了传统的干部异地培训之外，我院还积极拓展送教上门培训模式。2015 年我院开设了“博学大讲堂”走进将乐项目。2018 年，我院与安徽九华山旅游发展股份有限公司签订了为期两年的合作办学协议。2019 年，积极尝试拓展公开班办学模式，成功开设大数据时代高校思政工作精准育人专题研修班、MADP 管理会计实战研修班。

（三）干部教育培训基地建设情况

2016 年 8 月，我院向福建省公务员局申请设立福建省公务员培训基地并获批。

2016 年 12 月，桂林市干部教育培训基地在我院揭牌。

（四）社会效益

1.支持地方人才培养

多年来，我院始终坚持主动贴近地方人才培养需求、主动融入我校“服务战略合作伙伴”的行动中，致力于地方人才队伍建设，主动探索校地合作、服务区域经济，坚持“请进来、走出去”结合，坚持质量与服务并重，积极树立“厦门大学继

① 学院非学历高端培训历年办班数据见附表 14。

续教育”品牌，为各地区人才培养、经济发展提供智力支持。我院作为学校人才培养体系的重要组成部分，按照“服务国家需求与服务区域发展相统一”的要求，积极服务西部地区发展、服务我校战略合作伙伴，不断满足西部地区的继续教育需求，积极配合作好对口支援、定点扶贫工作。

2011 年以来，我院为西部地区培训干部共21000多人次，有力地促进了西部地区人才综合素质和管理水平的提升。我院把西部地区党政干部、企业经营管理人员、专业技术人员三支“人才队伍”的能力建设作为教育培训工作的重点，充分发挥学校的特色及学科优势，积极探索与西部地方政府、大型企业集团开展高层次人才培养模式。根据西部地区的发展特点和实际需求，紧密结合经济社会发展中的经济金融、企业管理、社会管理等热点难点问题，以及社会事业发展中的教育、文化、社会保障等民生问题，开展了一系列富有针对性和实效性的培训。①

2.精准扶贫

为深化中央高校与对口帮扶贫困县的合作成果，加大干部教育培训力度，助力脱贫攻坚，2016 年我院与宁夏隆德县委组织部签订了干部教育培训合作协议。学院依托学校雄厚的师资力量和丰富的办学资源，紧紧围绕隆德县实际需求，免费对该县党政部门和乡镇主要领导，以及妇联、共青团系统、司法行政系统、卫计系统干部等进行轮训，实现了精准扶贫工作与继续教育发展的有效结合，提升了我院继续教育的发展内涵。同时，我院认真落实学校对口支援西藏民族大学的政策，除了向西藏民族大学定向共享优秀数字化学习资源外，还承办了西藏民族大学教师培训班。目前，我院已成功承接对口扶贫各类培训 12 期，培训学员 561 人次。②

① 西部地区培训数据见附表 15。

② 对口扶贫干部培训班数据见附表 16。

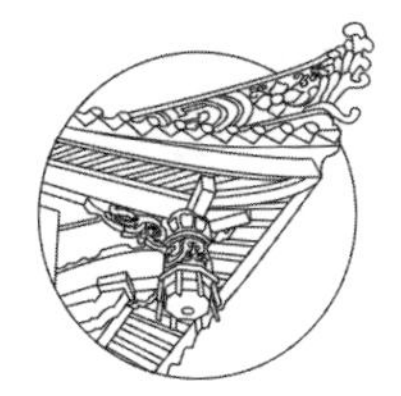

第五部分
课程资源建设

学校举办网络教育以来，一直重视资源建设，不断跟踪、利用现代信息技术，丰富网络课程的呈现方式，提高网络课程建设质量，不断开发和完善学习平台功能，适应学生远程学习的需要。

一、学习资源建设

（一）发展历程

自厦门大学开始实施网络教育以来，学习资源建设的方式随着网络教育教学模式的变化而不断调整，经历卫星直播发展到因特网直播＋点播再到网络课程等发展历程，学习资源不断丰富，推动网络教育教学的不断进步。

1.卫星直播

2001 年至 2004 年，我院网络教育采用卫星直播模式进行教学，教师于工作日晚上和周末在直播教室上课，厦门本地学生可以到现场上课，外地学生则集中到学习中心收看教师授课直播参与学习。在教师直播授课的同时使用光盘刻录机录制教师上课影像 DVD 光盘，根据需要发放给学习中心作为辅助学习材料。

2.因特网直播＋点播

2004 年至 2008 年，网络教育教学采用因特网直播＋点播模式，教师于工作日晚上和周末在录播教室上课，在教师授课过程中随堂录制授课视频并通过视频会议系统进行直播，厦门本地学生可以到现场上课，外地学生则集中到学习中心收看教师授课直播参与学习。此外，授课视频于课后上传至学习平台，学生可以登录学习平台点播视频课件进行学习。

3.网络课程

为实现网络教育教学从直播模式向点播模式转型，我院自 2008 年 11 月开始实施网络教育课件建设计划，并建设三间课件录制室用于网络教育课件的录制制作。

(1)第一代网络课程：三分屏课件

在 2008 年至 2013 年期间，我院共建设完成 138 门网络课程三分屏课件。[①]

如图 5-1、5-2、5-3 所示，第一批三分屏课件的组织架构和教学资源相对简单，主要是按照课程章节结构组织每章节对应的教学视频及电子讲义。课件界面为左右结构，左侧为以课程章节目录为基础的目录树，右侧为相应内容，如点击左侧目录树中某章节的“课程讲义”链接，右侧则显示该章节电子讲义内容；若点击左侧目录树中某章节的“视频讲解”链接，则会弹出视频播放页面，视频播放页面左侧为教师授课视频和课程章节目录，右侧为 PPT 课件显示窗口，实时显示与教师授课内容对应的 PPT 页面。

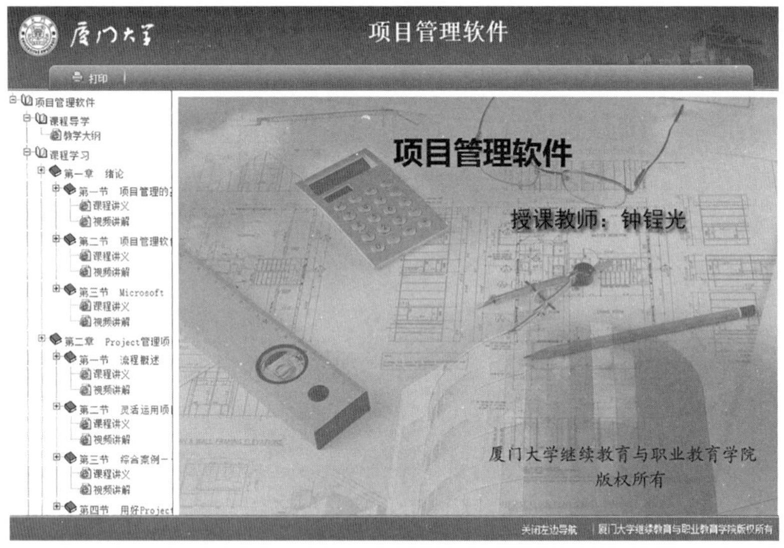

图 5-1　第一批三分屏课件首页

① 网络课程三分屏课件列表见附表 17。

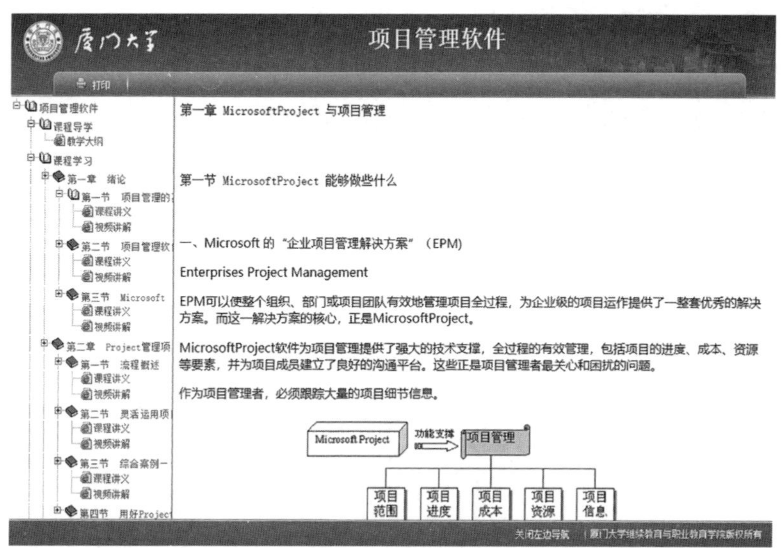

图 5-2　第一批三分屏课件的电子讲义查看页面

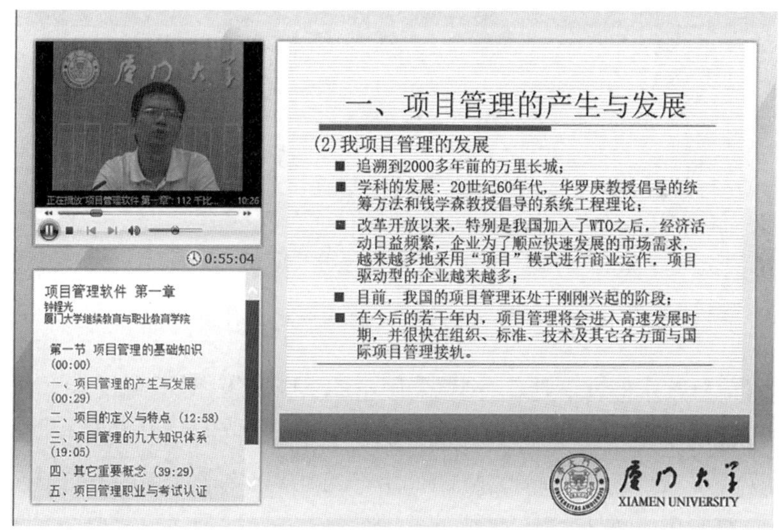

图 5-3　第一批三分屏课件的视频播放页面

由于第一批三分屏课件界面单调、资源形式单一，为提高课件质量与教学效果，我院于 2012 年着手开展三分屏课件的第一轮改造升级工作。在分析我院资源建设力量、调研兄弟院校网络课程建设现状的基础上，我院从 2012 年上半年开始探索网络课程制作新标准。经过近半年的努力和尝试，形成了网络课程开发新框架、规范和流程。2012 年下半年，我院按教学计划对第一批三分屏课件进行改造升级。如图 5-4，改造后的三分屏课件强化了导学、助学、促学功能，增加了课程导学（介绍）、章知识学习指导、扩展学习等功能栏目以及学习平台功能链接，包括互动学习、在线练习、课程作业、复习题等，界面更加美观，功能更加实用，课程资源的形式和内容更加丰富。

图 5-4　第一轮改造后的三分屏课件首页

随着信息技术的发展迭代、浏览器版本的不断升级，时下高版本的主流浏览器无法正常播放三分屏课件，为解决三分屏视频课件的播放问题，我院于 2017 年启动三分屏课件的第二轮改造工作，并于 2018 年完成在用的 93 门三分屏课件的视频播放界面改造工作，使其可以支持主流高版本 IE 浏览器的正常播放，如图 5-5。

图 5-5　第二轮改造后的三分屏课件视频播放界面

(2)第二代网络课程:高清大屏直拍模式网络课程

随着视频公开课和精品资源共享课的推出与应用,制作高清视频课件成为高校资源建设发展的新趋势、新热点。我院紧跟发展趋势,于 2013 年制定高清视频课件制作标准,修订《网络课程建设技术规范》,对课程脚本编写、课程录制、影音录制剪辑发布、课程框架设计、美术设计、课程页面制作等提出新的标准和规范,并以此为标准,开始采用高清视频模式录制网络课程资源。我院最先探索采用的是大屏直拍模式录制高清网络课程资源。

高清大屏直拍模式网络课程在课程框架上延用了改造后的三分屏课件的课程框架,主要包括课程介绍、课程学习、互动学习、在线练习、课程作业、复习题、扩展学习等栏目,其中课程学习栏目中包含视频课件和电子讲义。高清大屏直拍模式网络课程与三分屏课件最大的区别就体现在视频课件上。与三分屏课件不同,高清大屏直拍模式网络课程使用专业的摄像机正对着主讲教师和播放 PPT 课件的高清大屏拍摄教师授课过程,如图 5-6。在使用此模式制作的视频课件中,播放 PPT 课件的高清大屏占据视频的大部分画面篇幅,因此,PPT 课件的专业性和美观程度是决定视频课件质量的重要因素。为此,我院在建设高清大屏直拍模式网络课程过程中高度重视 PPT 课件的制作水平,根据课程性质和内容为每门课程定制 PPT 模板并对每讲 PPT 课件进行页面设计和排版优化等美化工作,使 PPT 课件界面美观、排版合理,能够更好地表达和传递课程内容和信息,提高教学效果。

图 5-6 高清大屏直拍模式网络课程视频课件

截至 2019 年底,我院建设了 51 门高清大屏直拍模式网络课程。[①]

(3)第三代网络课程:虚拟讲堂模式网络课程

2016 年,我院将一间录制室改造为虚拟演播录制室,并开始尝试使用虚拟讲堂模式录制网络课程资源。在使用虚拟讲堂模式录制网络课程视频课件的过程中,教师在布置有绿色幕布的摄影棚内录制授课视频,采用视频抠像技术将教师授课影像从背景中分离出来,配合精细化的脚本设计,把与课程内容相关的文本、图片、动画等教学素材实时嵌入到教师授课视频中,再配上符合课程特色的个性化背景,使教学更加情景化,视频表现形式更加多样化,课程讲解更加生动、更具吸引力,进一步提高课程质量与效果,如图 5-7、5-8。

---

① 高清大屏直拍模式网络课程列表见附表 18。

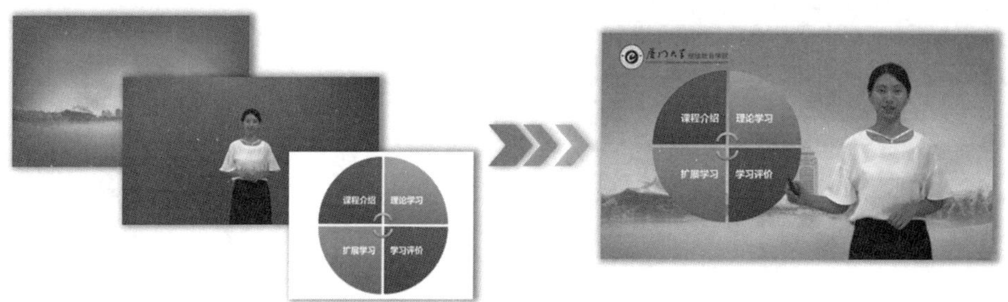

图 5-7　虚拟演播模式制作的视频课件

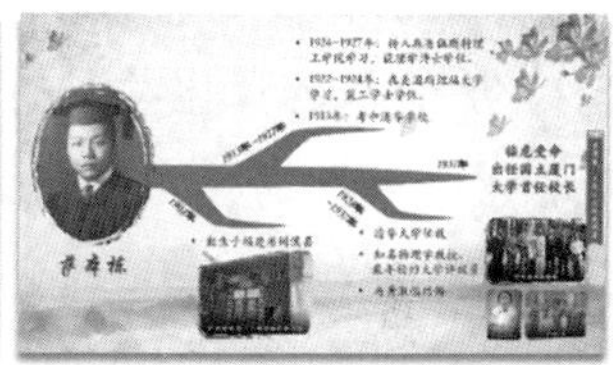

图 5-8　虚拟演播模式制作的视频课件

2018 年，我院在继续教育大楼 A401 建设配有自动录播系统的慕课创作室，能支持大屏直拍、虚拟讲堂、虚拟情景等多种网络课程录制模式，并能方便地实现多种录制模式之间地切换，进一步丰富网络课程资源录制制作模式，提高网络课程制作水平与质量，如图 5-9、5-10。

图 5-9　慕课创作室

图 5-10　慕课创作室录制的视频课件

截至 2019 年底，我院采用虚拟讲堂模式建设了 18 门网络课程。①

(4)第四代网络课程：移动版网络课程

随着移动设备的普及，移动学习成为在线学习的新趋势。为更好地满足学生移动学习、碎片化学习的需求，我院积极推进移动学习资源改造工作，于 2019 年着手开展移动版课程界面改造及学习资源批量改造。如图 5-11，改造后的移动版网络课程在课程界面上保留了课程介绍、课程学习及扩展资源栏目。鉴于长文本阅读不适合移动学习和碎片化学习，因此在移动版网络课程的课程学习栏目中不提供电子讲义，仅提供教学视频资源，且教学视频都是不超过 20 分钟的短视频。截至 2019 年底已发布 33 门移动版网络课程。②

图 5-11　移动版网络课程

① 虚拟讲堂模式网络课程列表见附表 19。

② 移动版网络课程见附表 20。

(二)主要工作与成绩

截至2019年底,我院共建成网络课程207门。在满足网络教育教学需求的基础上,我院也积极响应教育部号召,参与各级各类网络教育精品资源共享课项目以及在线开放课程建设项目,开展精品网络课程资源建设。

1.精品网络课程

(1)国家级精品资源共享课

2011年10月12日,教育部发布《教育部关于国家精品开放课程建设的实施意见》,计划通过高等学校本科教学质量与教学改革工程支持建设国家级精品资源共享课,以推动高等学校优质课程教学资源共享。我院根据自身情况,按照国家级精品资源共享课的建设标准,组织建设了“管理信息系统”和“国际企业管理”两门网络课程(如图5-12),并分别于2012年和2013年获得国家级精品资源共享课立项。

图5-12　“管理信息系统”和“国际企业管理”国家级精品资源共享课

这两门国家级精品资源共享课立足于网络学习的特点与需求,经过精心的设计,形成了全面的知识体系、丰富多样的多媒体教学资源、系统完整的课程体系和特色鲜明的教学模式,具有以下特色:

①课程资源丰富,资源品质及使用价值较高,适合不同层次、不同类型的学习者使用,资源内容、呈现形式较为吸引人,具有较高的可共享性;

②以活动为中心,设计了自主学习活动和实践活动;

③在教学方法上采用案例教学法，以丰富生动的案例引导学生学习；

④课程平台界面美观，功能清晰，交互性强，多种表现形式的交互为师生间、学生间以及人机的交互提供了强大的支持；

⑤为学习者提供信息服务、多种形式的资源服务、多渠道学习辅导，构建了系统、全面的学习支持服务体系。

自立项建设以来，我院持续对两门国家级精品资源共享课的资源及其支撑平台进行维护，根据学科发展和社会需求的变化，组织教师团队更新课程内容及资源，以更好地满足学习需求。经过多年的更新与完善，两门课程受到越来越多学生的欢迎，也得到越来越广泛的应用。

(2)省级精品在线开放课程

在开展网络课程资源建设工作过程中，我院积极探索、革新网络课程建设模式。如图 5-13、5-14，学院于 2017 年提出网络课程共建共享方案，并以共建共享的建设模式与我校数学科学学院线性代数教研组合作建设“线性代数”网络课程、与药学院教师团队合作建设“天然药物化学”网络课程，两门课程均于 2019 年 11 月获福建省精品在线开放课程认定。

图 5-13　“线性代数”省级精品在线开放课程

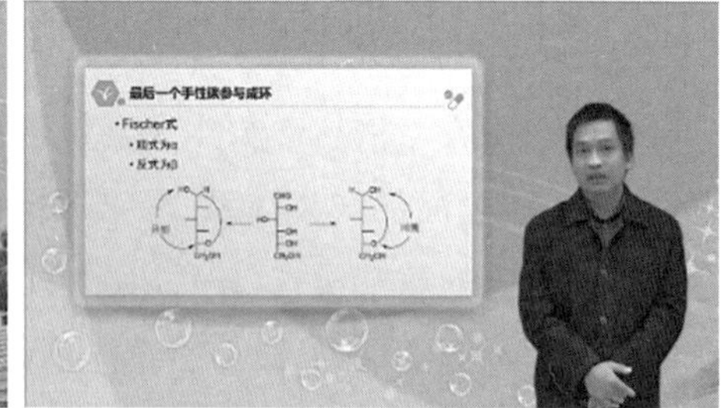

图 5-14　“天然药物化学”省级精品在线开放课程

两门省级精品在线开放课程无论是教学内容还是形式呈现都经过精心的设计。以“线性代数”省级精品在线开放课程为例，在我院资源建设团队和数学科学学院线性代数教研组教师团队的通力配合、精心设计与制作下，本课程具有以下特色：

①课程内容：量大面广，受众面宽，从代数与几何的角度诠释了抽象的概念，梳理解题的思路、方法与技巧，展示丰富的应用案例。

②教学设计：秉承“以学生为主体”的教学理念，采用实例教学、讲授法等教学方法，将线性代数课程细分成一系列相对独立的知识点，以知识点为单位进行讲解，讲解强调理论、计算、应用三者相结合，强调过程与方法。充分利用现代教学的手段，通过形象、具体、分步的动画来演示抽象、复杂的思维过程，化抽象为具体，化难为易，让学生经历知识的构建过程；通过应用实例分析、实操演示等来培养学生运用知识解决实际问题的能力及兴趣。此外，每讲内容均根据学习者的学习过程而设计，为在线学习者呈现完整的学习过程：复习知识→主体知识讲解→本讲小结→问题思考。

③资源设计：按照在线学习者的学习特点和习惯设计课程资源。采用虚拟讲堂模式录制微视频，利用视频抠像技术处理课程视频，加上后期符合课程特色的个性化、精细化的设计，以突出课程特色及课程的重要内容，提高学习者学习兴趣以及学习效果。采用微课的建设理念，将每个知识点拍摄成一段十分钟左右的视频，每个视频只针对一个特定的问题，有很强的针对性，视频长度控制在学生注意力能比较集中的时间范围内，符合学生身心发展特征，通过网络发布的视频，具有暂停、回放等多种功能，可以自主控制，有利于学生的自主学习，通过大量的引例使教学内容更易理解。

(3)校级在线开放课程

为促进优质教育资源应用与共享，全面提高教育教学质量，厦门大学于2016年启动校级在线开放课程项目，随后每年均启动一批校级在线开放课程建设项目。我院积极响应学校号召，与专业院系的教师团队以共建的合作形式参与校级在线开放课程项目。我院于2017年与数学科学学院线性代数教研组合作建设“线性代数”网络课程并获第二批校级在线开放课程项目立项建设；于2018年与药学院教师团队共建“天然药物化学”网络课程并获第五批校级在线开放课程立项建设，与药学院教师团队共建“生药学”、与电子科学与技术学院教师团队共建“微机原理与应用”（见图 5-15）网络课程，并获第六批校级在线开放课程立项建设；2019 年与建筑与土木工程学院教师团队共建“结构力学”网络课程、与法学院教师团队共建“刑事诉讼法学”（见图 5-16）网络课程并获第六批校级在线开放课程立项建设，与经济学院教师团队共建“统计学原理”网络课程并获第七批校级在线开放课程立项建设。

图 5-15　“微机原理与应用”校级在线开放课程

图 5-16　“刑事诉讼法学”校级在线开放课程

2.微课程

除开展网络课程资源建设外，我院也积极探索、创新微课程建设模式，开展系列微课程建设。截至 2019 年底，我院建成微课 53 讲。① 其中，11 个系列共计 31 讲微课，并在第二届、第三届全国微课程大赛上获得佳绩（3 个一等奖、5 个二等奖、3 个三等奖）；“我们该怎么吃？——〈中国居民膳食指南（2016）〉解读”系列微课入选福建省第二批继续教育网络课程，并获批 2018 年省级终身教育重点

① 微课列表见附表 21。

建设项目。

3.学习资源开放共享

在加强网络课程资源建设的同时，我院也积极促进优质网络教育资源开放共享。

(1)定向对外开放

为促进我校广大职工整体素质的提高和个人的成长，我院以职工夜校网站(见图 5-17)为依托，面向我校职工开放我院优质数字化学习资源，为职工提供更加丰富的学习资源，拓宽其学习渠道。

图 5-17　职工夜校网站

此外，我院认真落实学校对口支援西藏民族大学的政策，开设了厦门大学继续教育学院、管理学院—西藏民族大学管理学院数字化资源共享网站(见图 5-18)，向西藏民族大学定向共享我院优秀数字化学习资源，包括 2 门国家级精品网络教育资源共享课、12 门优秀网络课程、53 讲微课程，有力地促进了西藏民族大学全日制学生通识教育的开展。

图 5-18　数字化学习资源共享网站

(2)面向社会开放

①举办“9・28”终身教育活动

我院积极组织举办每年的“9・28 终身教育活动日”暨全民终身学习活动周(以下简称“9・28”活动)，对外开放我院优秀教育资源。

2014 年 9 月 28 日我院在厦门大学思明校区举办“9・28”活动，现场展示我院优质微课资源。

2015 年，我院搭建了“厦门大学终身教育活动专题网站”(见图 5-19)，以本网站为依托，在线展示厦门大学终身教育活动成果、举办终身教育摄影大赛并在线展示参赛作品、免费开放我院优质数字化学习资源供社会大众学习、体验。该活动颇受欢迎，反响热烈，终身教育摄影大赛活动更是得到了广大人民群众的积极响应与热情参与。

图 5-19　2015 年“9·28”活动专题网站

2016 年，围绕“推进全民继续教育，建设学习型社会”活动主题，我院重新部署网站，并更新网站内容，新增“生活安全教育”专题模块（见图 5-20），全面开放生活安全专题微课资源供广大人民群众学习、体验。

图 5-20　2016 年“9·28”活动专题网站

2017 年，为弘扬中华民族优秀传统文化，丰富大众的国学知识，提高文学素养，增强文化自信，我院在本网站上新增“国学经典”专题模块(见图 5-21)，结合“9・28”活动开展国学经典教育，助力国学经典的推广与传承。

图 5-21 2017 年“9・28”活动专题网站

2018 年，我院对本网站进行全面改版，改版后的网站更加突出学习资源体验功能，且学习资源更加丰富，包括 2 门国家级精品资源共享课程、8 门优质网络课程以及 11 个系列精品微课程，内容涵盖经济、法律、人文艺术、养生保健、医疗卫生等备受社会大众关注的主题，如图 5-22。这些学习资源广受欢迎，有较高的点击率和播放量。

图 5-22　2018 年"9・28"活动专题网站

2019 年，为更好地支持移动学习，我院再次对本网站进行改造，使其可自动适配 PC 和移动设备，如图 5-23，同时更新对外开放的数字化学习资源，并在学校开展的 2019 年度"9・28"终身教育活动中免费向社会开放优质网络教学资源。

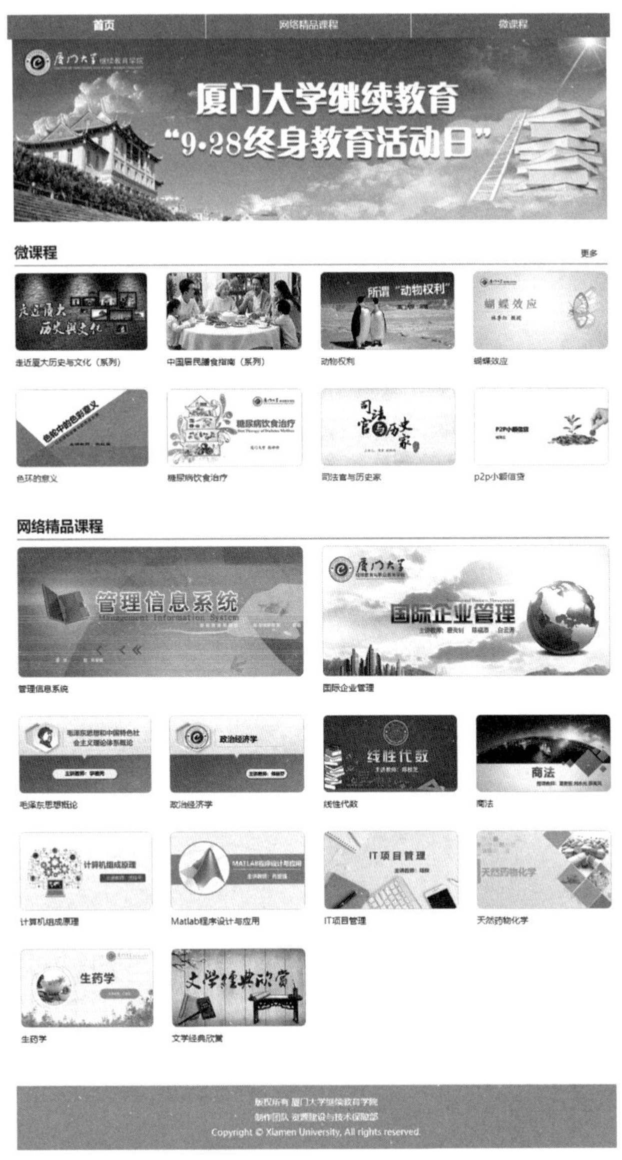

图 5-23　2019 年“9·28”活动专题网站

②参加普通高校继续教育数字化学习资源开放联盟

为贯彻落实全国教育工作会议精神和《国家中长期教育改革和发展规划纲

要(2010—2020年)》,教育部组织全国103所普通高校,以教育部与财政部批准的“终身学习服务体系建设与示范项目”为载体,建设普通高校继续教育数字化学习资源开放共享服务平台。我校是该项目先期启动单位之一,并由我院承担此项工作。2011年我院启动项目建设工作,充分利用我校的学科优势、专业特色及优质的教育资源和先进的信息技术,整合学校的专业性课程资源和大众化学习资源,初步打造出以互联网为载体、向社会开放的我校优质教育资源共享平台,并加入“全国普通高等学校继续教育数字化学习资源开放联盟”(见图5-24)。通过该联盟,我院向社会开放我校优质教育资源,为广大社会成员提供方便、灵活的学习条件,为实现全民学习与终身学习、构建学习型社会的时代需要做出了积极贡献。

图5-24　普通高等学校继续教育数字化学习资源开放联盟

二、学习平台建设

(一)概述

随着信息化技术的发展,我院网络教育于2006年调整教学模式,由传统的单向卫星直播模式调整为双向实时互动直播模式,建设基于互联网的"远程多媒体互动教学平台",运用先进的技术手段,营造一个基于互联网的双向实时互动的教学环境,使得学生能得到个性化的、全面的、先进的专业教育,并为管理人员提供一个流程化、自动化、一体化和网络化的管理平台。

为了更好地适应网络教育业务的拓展以及教学管理的变化,我院于2012年启动厦门大学网络教育平台建设工作,对原有平台进行系统性重构,建设成一个综合性信息化平台,满足网络教育教学与管理需求,达到高可靠性、技术先进性和实用性、高性能、灵活性及可扩展性、安全性、可维护性的建设目标。经过多年的建设,平台于2017年秋季启用招生功能模块,自2019年秋季起将弘成公共服务体系招收的学生纳入平台统一提供学习支持服务。

(二)建设历程

1.卫星直播平台

2001年建成卫星直播系统,使用卫星通信广播技术进行教学。2002年上线学籍管理系统。由于采用卫星直播模式进行教学,期间并未搭建完整的网络学习平台。

2.远程多媒体互动教学平台

(1)2006年1月,我院与互联天下科技发展(深圳)有限公司签订正式合作协议,共同开展网络教育;

(2)2006年7月初,互动教学系统、教管系统、直播教学系统、互动答疑系统、录播导播系统和课件点播系统完成开发,平台启动试运行;

(3)2006年8月,导播中心和多媒体教室全部建设完成;平台基本建设工作基本完成,平台投入运行;

(4)2007年至2011年,先后完成信息管理、问卷调查、在线作业、论文写作、教材预约、网银缴费等功能开发以及短信功能集成；

(5)2012 年至今，进行平台维护工作。

3.教学教务管理平台

(1)2008 年 10 月，我院与弘成科技有限公司签订正式合作协议，开始通过弘成公共服务体系开展网络教育；同年教学教务管理平台上线，用于弘成公共服务体系的教学教务管理；

(2)2011 年，教学教务管理平台升级至 DEE 平台；

(3)2017 年，完成数据库升级和 WEB 集群改造；

(4)2019 年 6 月，将平台数据迁移至学院网络教育平台。

4.网络教育平台

(1)2012 年 8 月，厦门大学网络教育平台开发项目启动；

(2)2013 年 3 月，完成建设项目纲要文件，确定平台建设的总体纲要；

(3)2014 年 6 月，完成平台总体开发工作，开始进入内部测试；

(4)2015 年 12 月，完成三轮业务联调测试；

(5)2017 年 4 月，完成三轮技术测试；

(6)2017 年 5 月，平台上线运行；

(7)2019 年 6 月，将教学教务管理平台数据迁入网络教育平台。

(三)主要建设成果

1.卫星直播平台

2001 年建成卫星直播系统，使用卫星通信广播技术进行远程视频直播教学，各学习中心通过设立的卫星小站接收卫星直播信号。2002 年建成学籍管理系统，提供学院对网络学历教育学生的教务、学务等管理功能。

2.多媒体互动教学平台

平台于 2006 年 8 月正式投入使用，运行基本稳定。平台涵盖远程教育从招生到毕业的各个环节，共有二十余批次学生通过平台完成招生入学，三万余人通过平台完成远程学习任务顺利毕业，两千余人获得了学士学位。

教学管理系统：提供学院招生、教务、学务、考务、财务等业务的管理及学生的学习功能，分为管理端和学习端两部分，分别授权给管理员、老师和学生。

课件录制系统：提供老师上课同时智能地录制课件的功能，此功能原汁原味地为学生呈现真实的课堂环境，使学生置身于课堂的学习环境之中。在课件编辑方面，提供了快捷、便利的线性编辑功能。

多媒体互动教学系统：提供老师与学生视、音频交互的功能，并提供多项数据功能，使老师能够与学生互动，大大提升厦门大学远程教育的质量，与学生面对面交流能使远程教育变得真实，学生能体会到老师的存在，提高学生的学习热情。

课件点播系统：为学生提供全天候的学习环境，学生可以根据自己的时间进行学习安排。无论在什么地方，只要能够连接到互联网，就能登录我们的平台进行学习，彻底消除学习时间和地点的局限。

3.教学教务管理平台

平台于 2009 年 3 月正式开始招生，运行基本稳定。平台涵盖远程教育从招生到学位授予的各个环节，共有十余批次学生通过平台完成招生入学，近两万人通过平台完成远程学习任务顺利毕业，近千人获得了学士学位。

为了更好地管理与学习支持服务，2019 年 8 月将弘成平台所有录取学生信息整体数据迁移至网络教育平台，进行统一管理及学习支持服务。

4.网络教育平台

平台共建设成四个子系统，包括管理系统、学习支持系统、教师系统、学生系统，四个系统总共完成 500 余个功能。

管理系统覆盖学院网络教育管理的全过程，包括招生、注册、选课缴费、教学管理、考核评价、毕业、学位、归档等八个环节，是平台的核心系统。

学生系统覆盖学生从网上报名到毕业的整个过程，包括网上报名、现场确认、入学考试、录取通知、注册、选课缴费、课程学习及论文、考核评价、成绩、毕业、学位共十一个环节。

教师系统主要包括课程教学、论文指导及考核评价等对学生的学术性学习支持工作。

学习支持系统主要包括学生在网上报名、现场确认、入学考试、录取通知、注册、选课缴费、课程学习及论文、考核评价、成绩、毕业、学位等十一个环节中，提供非学术性学习支持工作。

第六部分
院友撷英

多年来，厦门大学继续教育学院深耕继续教育，共计培养十六万余名毕业生。几代学子投身于社会主义现代化建设中，在各行各业发挥着重要作用。他们中有公务员、学者、企业家、技术专家，也有扎根于平凡岗位却做出不凡之举的励志典型。他们为社会的发展做出属于厦门大学学子的贡献，为母校赢得赞誉。

以下对我院部分杰出院友做简要介绍（按照入学时间先后顺序进行排序）。

1.裴金佳，男，1963 年 8 月出生，福建安溪人。1985 年 9 月至 1988 年 6 月就读于厦门大学自学考试财经专业。现任中共十九届中央候补委员，中央台办、国务院台办副主任。曾任厦门市委书记，党的十八大、十九大代表，第九届福建省委委员，第十届福建省委委员、常委，以及福建省第十二届、第十三届人大代表。

2.孙金珍，女，1982 年 8 月出生。2002 年 9 月至 2006 年 7 月就读于厦门大学网络教育本科会计学专业。现任厦门泛华集团有限公司副总裁、厦门市企业管理学会会长、厦门泛华典当行有限公司董事长、厦门市青年创业协会副会长。曾任厦门市企业管理学会第九、第十届理事会副会长。

3.侯斌，男，1975 年 3 月出生，黑龙江佳木斯人。2002 年 9 月至 2005 年 7 月就读于厦门大学成人高等教育函授专升本广告学专业。在 1996 年、2000 年、2004 年，连续三届获得残奥会跳高冠军。曾任全球首位残奥大使、2008 年北京残奥会开幕式主火炬手、2022 年申冬奥会大使。

4.陈建萍，女，1983 年 2 月出生，福建莆田人。2003 年 9 月至 2005 年 7 月就读于厦门大学全日制高职本科旅游管理专业。现任厦门市思明区莲前街道前埔北社区党委书记。曾被选举为党的十九大代表，并曾荣获“全国三八红旗手”“全国优秀党务工作者”“中国年度优秀社工人物”“福建省劳动模范”等荣誉，所在社区先后获得“全国和谐社区建设示范社区”等 100 多项荣誉称号。

5.史秉锐，男，1963年11月出生，黑龙江五常人。2003年9月至2006年1月就读于厦门大学网络教育专升本工商管理专业。1982年8月参加工作，现任河南省济源产城融合示范区党工委书记、济源市委书记。曾任郑州市上街区聂寨乡团委书记，共青团郑州市上街区委书记，共青团郑州市委书记，河南省荥阳市委副书记，河南省郑州市二七区长、区委书记，河南省洛阳市副市长，河南省洛阳市城乡一体化示范区管委会主任，河南省扶贫开发办公室主任、党组书记。第十三届全国人民代表大会代表。

6.倪其孔，男，1982年2月出生，福建福鼎人。2004年2月至2007年1月就读于厦门大学夜大学计算机信息管理专业。创立MBA智库，现任首席执行官。

7.陈爱钦，女，1963年3月出生，福建福清人。2007年3月至2011年7月就读于厦门大学网络教育高起本社会学专业。现任厦门永同昌集团有限公司董事长。历任全国工商联女企业家商会副会长、福建省政协委员、福建省海外妇女联谊会会长、福建省工商联(总商会)副主席、福建省女企业家商会会长、厦门市政协常委、厦门市工商联副主席、厦门总商会副会长、厦门市女企业家协会会长等职务，曾荣获“中国优秀社会主义事业建设者”称号。

8.崔坚，男，1955年8月出生，山西安泽人。2008年9月至2011年7月就读于厦门大学网络教育专升本工商管理专业。现任西南证券党委书记、董事长兼重庆股份转让中心董事长。

9.王小明，男，1965年4月出生，福建南安人。2010年9月至2015年7月就读于厦门大学网络教育高起专工商企业管理、专升本工商管理专业。现任清源科技(厦门)股份有限公司(上市公司)董事、副总经理。

10.陈雅娜，女，1986年9月出生，福建漳州人。2010年9月至2015年7月就读于厦门大学网络教育专升本工商管理专业。现为福建满钇集团公司董事长。她创立的“满钇财务”是福建省财务代理行业的前三甲、福建财税代理标杆企业、福建省著名商标。曾获2015年度“厦门最值得关注商业创新人物奖”。

11.李冬敏，女，1970年10月出生，福建南安人。2011年9月至2017年12月就读于厦门大学网络教育专科工商企业管理、专升本工商管理专业。现任嘉晟集团董事长，是全国物流行业劳动模范和先进工作者、供应链管理理念的倡导者和践行者、政协第十二届福建省委员会委员。

12.林震东，男，1972年9月出生，福建晋江人。2011年9月至2016年6月就读于厦门大学网络教育专科工商企业管理、专升本市场营销专业。现任广东美晨通讯有限公司、深圳糖果通讯有限公司董事长、深圳市天珑移动技术有限公司董事长。

13.兰子禄，男，1964年10月出生，福建武平人。2013年3月至2015年7月就读于厦门大学网络教育专升本法学专业。现任民建龙岩市委法律支部主委、民建福建省法制委员会副主任、福建省律协未成年人保护专业委员会委员、福建省龙岩市未成年人保护专业委员会主任、福建联合信实（龙岩）律师事务所高级合伙人。曾荣获“福建省五一劳动奖章”“福建省优秀律师”“福建省劳动模范”等荣誉。除此之外，他还曾在公益领域获得许多荣誉，如“全国保护未成年人特殊贡献律师”“2016年中国首届律界公益榜—最佳公益普法奖”等。

14.许国华，男，1966年7月出生，福建莆田人。2013年9月至2016年12月就读于厦门大学网络教育专升本会计学专业。现任厦门市市场监督管理局局长。曾任厦门市海沧区委常委、区政府副区长。

15.周德新，男，1966年10月出生，重庆渝北人。2014年3月至2018年12月就读于厦门大学网络教育高起专法律事务、专升本法学专业。现任职于厦门大学后勤集团安防部。他为了实现儿时当律师的梦想，在厦门大学边当保安边学法律，最终获得厦门大学法学专业学士学位。其事迹曾被《厦门晚报》、中国日报网、央广网等多家媒体广为报道，激励了无数的读者。

16.池新庄，男，1981年2月出生，福建沙县人。2017年3月至2019年6月就读于厦门大学网络教育高起专工商企业管理专业。现为福州奔驰总装车间技术长。曾荣获“福州市劳动模范”“福州工匠”等称号。“池新庄劳模创新工作室”还曾荣获福州市“十佳劳模工作室”称号。

17.邱为海，男，1966年10月出生，福建建阳人。2017年3月至2019年6月就读于厦门大学网络教育高起专建筑工程技术专业。现任福建新纪控股集团有限公司党委书记兼董事长等职务。历任第三届南平市人大代表、第四届南平市政协委员、第五届南平市人大代表。

18.张佳琦，男，1994年8月出生，浙江衢州人。2017年3月至今就读于厦门大学网络教育高起专法律事务专业。现为第73集团军某旅警卫调整连班长。曾入选建国70周年国庆阅兵陆军方队。

19.吴惟,男,1982 年 2 月出生,福建厦门人。2017 年 9 月至今就读于厦门大学网络教育专升本项目管理专业。2004 年底开始到外资企业从事 LED 芯片制程、LED 封装设计及 LED 应用产品研发工作,已申请 10 多项实用新型及发明专利,先后完成北京人民大会堂台湾厅、菲律宾体育馆、菲律宾国家银行等国内外照明设计及产品供应项目近百例。

附录 学院大事记

1.1926 年 12 月 12 日,厦门大学举行平民学校成立大会。

1926 年 11 月,为提倡平民教育,在鲁迅先生的支持下,厦门大学学生自治会主办成立厦门大学平民学校,鲁迅先生捐款 5 元。12 月 12 日,在群贤楼上大礼堂召开成立大会,鲁迅、林文庆、林玉霖等人出席并演说。12 月 21 日,平民学校委员会召开第一次临时会议。平民学校开办期间,时任厦门总工会委员长、厦门大学学生自治会主席的罗扬才曾作为教员讲授常识课。

2.1930 年 7 月 11 日,为推广成人教育,第一次举办暑期学校。

暑期学校分师资、专业、升学三组,分别招收在职的中小学教师,在职的各类专业人员以及初、高中学生和有志于投考大学的社会青年。1931 年、1932 年同期举办第二次、第三次暑期学校。

3.1934 年与 1935 年 7 月,按照教育部指示,先后举办两届中等学校理科教员暑期讲习班。

此讲习班的授课对象主要为学校各理科教员。

4.抗战迁汀期间,先后设立推广社会教育委员会、社会教育推行委员会。

1938 年,时任法商学院院长的银行家冯定璋教授担任推广社会教育委员会的主席。1941 年,学校设立 13 个委员会,社会教育推行委员会为其中之一,为提高学校行政效率做出贡献。1945 年,接任厦门大学校长的汪德耀教授同时担任社会教育推行委员会主席。

5.1948 年春季,学校在厦港校本部设立平民夜校。

1948 年,由救济总署厦门分署发给大批物资,学校社会教育推行委员会主办的社教服务处设立一所平民夜校,招收附近失学村民及校内工友共 120 余名,并根据他们的文化程度、年龄进行分别教育,至 7 月底结束,共毕业 99 人。

6.1948 年暑期，学校成立“国立厦门大学附设暑期社会教育办事处”。

为了扫除厦港渔民中的文盲，1948 年暑期，厦大训导处、社会教育推行委员会及学生公社，联合成立“国立厦门大学附设暑期社会教育办事处”，聘请教育系主任李培囿、训导长汪西林、及学生公社干事曾淑慎为顾问，教育系教授汪养仁为总干事，王兆奎为副总干事，并甄选留校热心服务的同学共 45 人参与工作，部署了儿童福利、通俗演讲、音乐演奏及戏剧表演等社教事宜。

7.1952 年 8 月，根据华东教育部指示，成立厦大附属工农速成中学。

厦大附属工农速成中学是在党和国家“向工农开门”方针的指导下，学校遵照华东教育部命令设立的，任务是“对工农干部施以中等程度的文化科学基本知识的教育，使其升入高等学校继续深造，培养成为新中国各种建设人才”。第一批招收学员 41 人，于 1952 年 9 月 24 日上课，学制为 3 年，后发展成为拥有 800 多名师生、兼有大学预科与重点中学特点的附校。1954 年，厦大附属工农速成中学最后一年招生，后于 1958 年 7 月 16 日改为工农预科。

8.1950 年代，专修科先后在多个院系下开办。

1951 年，理学院下设航海专修科，后此专修科与集美水专合并，组成了福建航海专科学校。1952 年，经济(财经)学院下设贸易专修科，文法学院下设俄语专修科，后部分师生于 1954 年 8 月调整至南京大学。1952 年，工学院下设土木专修科，1953 年 8 月移并至南京水利学院。1958 年，工学院下设地质专修科。

9.1952 年 9 月、1953 年 2 月，举办两期“数理化师资轮训班”。

这两期轮训班是学校受到福建省政府教育厅的委托，为了适应福建省扩大工农教育对师资的需要而举办。

10.1956 年，厦门大学成立马列主义夜大学。

厦门大学马列主义夜大学旨在深入知识分子的思想改造，加强系统的理论学习，1956 年由时任厦门大学党委书记、副校长陆维特同志兼任校长，开设中国革命史、马列主义基础、政治经济学和哲学四门课，招收学员 534 人，市委旁听干部 18 人，教授眷属 10 余人。

11.1960 年，学校成立职工业余大学、业余文化技术学校、业余建筑工程技术学校。

这三所学校分别由时任教务处处长潘懋元教授、时任宣传部副部长梁敬生同志和时任生产管理处处长、修建处处长周彬同志兼任校长，为国家各行各业的建设不断地输送专业技术人才。后因“文化大革命”爆发，职工业余大学被迫停办。

12.“文革”期间，学校举办各种短训班100多期。

1970年，学校革委会派出70多支教育革命小分队，深入到全省各地开展“教育革命实践”，这些小分队先后在工厂、农村举办各种短训班100多期，为工厂、农村培训技术人员近千人。

13.1970年10月，学校首次招收“工农兵试点班”。

1970年10月，学校以厦门大学革命委员会的名义发出录取通知，将中文系和历史系合并成为“文史系”，24日，通过全省推荐招生，第一届厦大工农兵试点班正式开学，设置11个专业，共有学员321名。1972年10月，学校将文史系解散，重新复办了中文系和历史系。1973年1月，工农兵试点班第一届学员毕业。

14.1974年10月，学校举办知青函授教育。

知青函授教育是以上山下乡知青为主要招收对象，同时招收部分中、小学民办教师和对口部门的工作人员、基层干部的一种函授教育形式。教学形式以函授和自学为主、面授为辅，面授的辅导地点有长泰、建阳、浦城、顺昌、邵武、南平、南靖、三明、沙县等地，一直延续到1979年。

15.1978年8月，学校开始招收大专毕业生进修班。

厦门大学大专毕业生进修班的招生对象为在福建省工作的1968～1970届厦门大学或外校有关数学、物理学、化学、植物学四个系科专业的符合条件的毕业生。

16.“文革”后，学校举办干部专修教育。

1978年5月，学校为福建省宣传部举办政治理论班。1983年9月，法律系受省委组织部委托，举办政法干部专修科。1985年，中文系举办了对外宣传干部专修班，财金系举办财税班，经济系举办人口班，会计系举办会计审计班。1988年秋，政治学系举办行政管理学班。

17.1980年夏季，职工业余大学正式复办。

职工业余大学复办后，先为职工举办高考补习班和外语(英语、日语，其中英语班分文理科初级、中级和高级班，后新增法语、俄语班)。1981年开始招收业余大专班，设中文、电子两个专业，学制为4年。1983年更名为“厦门大学夜大学”，可授予学士学位，年底增开了秘书班和图书馆学班，第一批于1987年毕业。

1985年，招收中文、英语本科五年制和电子、化学专科班，由全省统一考试，共招四个有学历的本、专科班。1988年，增招会计专业专科班。至1991年，共招生798人，已毕业本专科生230人。

18.1983年，厦门大学开始承担福建省高教自学考试主考任务。

19.1984年年底，学校成立成人高等教育处。

成人高等教育处下设自学考试办公室，1987年增设函授教育科、干部教育科，是负责管理学校自学考试主考工作和函授教育、干部专修科及各种类型的短期职业技术教育班、岗位培训班、继续教育进修班、各种形式的单科培训、自学考试辅导班等的专门机构。

20.20世纪80年代，学校的函授专科学历教育开始招生。

1987年，开办数学和生物学两个函授专科班。1988年秋，开办了汉语言文学、应用数学、经济管理等三个专业的函授专科班。直到1990年，专业扩充到10个专业，招收了学员963人，毕业122人。

21.20世纪80年代，学校各类专业证书班出现。

1987年，厦门大学法律系、财金系、中文系等接受有关单位委托，开始举办人口学、金融、政工等专业证书班。1989年5月，漳州市人事局与厦门大学政治学系签订协议，委托厦门大学在市行政干校举办成人高等教育《行政管理学专业》的专业证书班。2000年，专业证书班停办，办学期间共招生9315人，毕业8295人。

22.1990年5月6日，学校制定、颁发《厦门大学授予成人高等教育本科毕业生学士学位工作细则》(厦大教字〔1990〕42号)。

23.1992年12月2日，学校成立厦门大学成人教育学院，与夜大学合署办公。

厦门大学成人教育学院沿袭了厦门大学成人高等教育处的职能，并与夜大学合署办公。学院下设教学科、学务科、自学考试办公室，兼有办学实体和管理全校成人教育的双重职能。

24.1997年，厦门大学被国家教委评为“全国成人高等教育评估优秀学校”。

25.1999年5月，学校成立厦门大学职业技术学院。

厦门大学成立职业技术学院是全国首批15所“示范性职业技术学院建设单位”之一，2000年被确定为全国第二批“全国职教师资培训培养重点建设基地”。

办学期间，形成了在职硕士学位、职教师资本科、高职专升本、高职专科等多层次的职业教育办学体系，共有28个专业，即：硕士学位专业7个，师资本科专业5个，专升本专业6个，专科专业10个。在校学生人数曾达1700多人。

26.2000年8月，学校成立厦门大学网络教育学院。

厦门大学网络教育学院，是国内较早举办网络教育的院校之一。2001年1月，被教育部批准为现代远程教育试点高校。主要专业有财政学、电子商务、网络经济学、会计学、社会管理等，后来办学形式改为业余，学历层次改为专升本。至2004年12月，累计招收学生6714人，毕业1470人。

27.2001年，厦门大学网络教育学院建成卫星直播系统，使用卫星通信广播技术进行远程教学。

28.2003年，受"非典"影响，全国成人高考由上半年改为下半年进行，厦门大学成人高等教育的学生从2004年起，改为春季入学。

29.2004年10月，厦门大学原成人教育学院、职业技术学院和网络教育学院合并为"厦门大学继续教育与职业教育学院"。

三院合并后，学院取消了函授招生。2005年，厦门大学不再承担自考考试开考体制改革试点专业本、专科的主考任务，不再承担面向社会开考的专科专业的主考任务[保留法律(基础科段)]，只承担面向社会开考的本科专业的主考任务，并停止自考助学活动。

30.2004年10月，网络教育教学改用因特网直播+点播的模式。

31.2005年10月，厦门大学继续教育与职业教育学院成功举办三院合并后的第一期干部非学历继续教育培训班——青海省教育厅"教育管理"培训班。

32.2006年1月，厦门大学继续教育与职业教育学院与互联天下科技发展(深圳)有限公司签订正式合作协议，共同开展网络教育。8月，建设完成导播中心和多媒体教室，基本完成远程多媒体互动教学平台建设并投入运行。

33.2007年，厦门大学继续教育与职业教育学院停招职业教育学生，只保留成人教育和网络教育两种学历继续教育形式。

34.2008年10月，厦门大学继续教育与职业教育学院与弘成科技发展有限公司签订协议，并通过弘成公共服务体系共同开展网络教育。

35.2013年8月，厦门大学继续教育与职业教育学院正式更名为"厦门大学继续教育学院"。

厦门大学继续教育学院已形成多种办学形式、多种培养层次、多种专业设置、多种培养对象的综合学历继续教育办学体系；本着“传播先进文化，全面提升干部素质能力”的宗旨，通过整合校内外优质教育资源、严把“质量、服务”关，建立起了高质量、特色化的非学历继续教育模式。

36.2013年10月，厦门大学继续教育学院组织建设的《管理信息系统》获第二批国家级精品资源共享课立项。

37.2013年11月，学校成立“厦门大学职工夜校”，纳入学校继续教育体系。

38.2014年1月，厦门大学继续教育学院组织建设的《国际企业管理》获得第四批国家级精品资源共享课立项。

39.2014年5月，学校成立继续教育管理委员会。

继续教育管理委员会下设办公室，对全校非学历继续教育办学活动行使管理职能，挂靠继续教育学院。

40.2016年，厦门大学继续教育学院与宁夏隆德县委组织部签订了干部教育培训合作协议，并于2017年5月第一次举办“隆德县农村‘两个带头人’和非公经济人士能力素质提升示范培训班”。

41.2016年，厦门大学继续教育学院筹资建成翔安校区继续教育大楼。2017年2月主体搬迁到翔安校区办公(除培训部外)。

42.2017年7月，学校全面退出自学考试主考工作。

43.2018年春季，厦门大学继续教育学院停招网络教育高起专层次学生。同时，夜大学停止招生。

44.2018年7月，厦门大学继续教育学院组织建设的“我们该怎么吃？——〈中国居民膳食指南(2016)〉解读”系列微课入选福建省第二批继续教育网络课程，并获批2018年省级终身教育重点建设项目。

45.2019年9月，厦门大学继续教育学院获福建省人力资源和社会保障厅推荐，作为“2019—2020年度全省专业技术人员公共课网络培训施训机构”开始承接全省专业技术人员公共课网络培训任务，以精品课标准建设“习近平新时代中国特色社会主义思想”及“网络安全知识提升”网络课程。

46.2019年10月15日，学校成立继续教育管理处。

厦门大学继续教育管理处下设综合管理科、培训管理科，继续教育管理委员会办公室挂靠单位由继续教育学院变为继续教育管理处。目前继续教育管理平台中有32个非学历继续教育办学单位，2018年、2019年连续两年培训超10万人次。

47.2019年11月，学院“厦门大学在线培训平台”正式上线。

48.2019年12月，学院与专业院系教师团队合作建设的“线性代数”及“天然药物化学”两门课程获2019年福建省精品在线开放课程认定。

附表

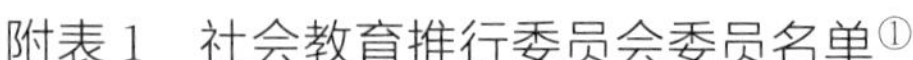

附表 1　社会教育推行委员会委员名单①

1941 年	傅鹰、彭传珍、刘天予、谢玉铭、何炳梁、冯定璋、李培囿、阮康成、杨永修、徐世五
1946 年	汪德耀(主席)、李培囿(兼总干事)、汪西林、陈朝璧、陈烈甫、周辨明、黄苍林、王亚南、朱保训、李庆云、卢嘉锡、张忠豫
1948 年	汪德耀(主席)、李培囿(总干事)、林砺儒、汪西林、陈朝璧、王亚南、吴兆莘、黄玉树、汪养仁

附表 2　继续教育管理委员会委员名单②

2014 年 6 月—2019 年 5 月	王传金、木志荣、史秋衡、刘弢、刘暾东、许和山、杨鸿飞、李兰英、张琥、陈东军、郑文礼、郑树东、黄宝秋、曾云声、詹心丽、薛成龙(按姓氏笔画排序)
2019 年 5 月—2020 年 7 月	马进龙、王晓丽、邓朝晖、叶建明、朱孟楠、许和山、杨鸿飞、张军奎、陈芃、陈有亮、罗思东、侯利标、骆宏、夏侯建兵、陶元升、黄艳萍、曾铮、曾云声(按姓氏笔画排序)
2020 年 7 月至今	于李胜、马进龙、王晓丽、邓朝晖、卢伙贵、朱孟楠、许和山、杨鸿飞、张军奎、陈芃、陈有亮、罗思东、侯利标、楼红英、骆宏、夏侯建兵、涂建芳、黄艳萍、曾云声、谭忠、薛成龙(按姓氏笔画排序)

---

① 参考《厦大校史资料》(第二辑)第 95 页、第 251 页、第 262 页内容。

② 参考厦大人〔2014〕93 号、厦大人〔2019〕75 号、厦大人〔2020〕174 号。

附表3　夜大学开设专业一览表

序号	专业名称	学习形式	学历层次
1	会计学	夜大学	本科
2	中文	夜大学	本科
3	电子技术	夜大学	专科
4	电子技术与家用电器	夜大学	专科
5	电子商务	夜大学	专科
6	电子学	夜大学	专科
7	工商管理	夜大学	专科
8	广告公关	夜大学	专科
9	国际贸易	夜大学	专科
10	化学	夜大学	专科
11	会计电算化	夜大学	专科
12	会计学(涉外会计)	夜大学	专科
13	计算机及其应用	夜大学	专科
14	计算机信息管理	夜大学	专科
15	秘书学	夜大学	专科
16	企业管理	夜大学	专科
17	涉外会计	夜大学	专科
18	图书馆学	夜大学	专科
19	英语	夜大学	专科
20	汉语言文学	夜大学	专升本

续表

序号	专业名称	学习形式	学历层次
21	会计学	夜大学	专升本
22	临床医学	夜大学	专升本
23	信息管理与信息系统	夜大学	专升本
24	英语	夜大学	专升本

附表4 函授开设专业一览表

序号	专业名称	学习形式	学历层次
1	财政学	函授	专升本
2	电子信息工程	函授	专升本
3	电子信息科学与技术	函授	专升本
4	法学	函授	专升本
5	国际经济与贸易	函授	专升本
6	行政管理	函授	专升本
7	行政管理学	函授	专升本
8	会计学	函授	专升本
9	货币银行学	函授	专升本
10	金融学(经济)	函授	专升本
11	经济学	函授	专升本
12	美术学	函授	专升本
13	企业管理	函授	专升本

续表

序号	专业名称	学习形式	学历层次
14	税收学	函授	专升本
15	税务学	函授	专升本
16	土木工程	函授	专升本
17	音乐学	函授	专升本
18	政治学与行政学	函授	专升本
19	广告学	函授	专科、专升本
20	财务管理	函授	专升本
21	工商管理	函授	专升本
22	财税	函授	专科
23	广告与网络营销	函授	专科
24	国际商务	函授	专科
25	汉语言文学	函授	专科
26	行政管理	函授	专科
27	会计电算化	函授	专科
28	会计学	函授	专科
29	计划统计	函授	专科
30	计算机及其应用	函授	专科
31	金融学	函授	专科
32	经济法	函授	专科
33	经济管理	函授	专科

续表

序号	专业名称	学习形式	学历层次
34	经济信息管理	函授	专科
35	社会保障与管理	函授	专科
36	社会工作与管理	函授	专科
37	数学	函授	专科
38	税务与财务	函授	专科
39	投资与房地产管理	函授	专科
40	文秘公关	函授	专科
41	应用数学	函授	专科
42	应用数学(现代经济管理)	函授	专科
43	应用微生物学	函授	专科
44	园林艺术	函授	专科

附表5 厦门大学函授站一览表

序号	函授站名称	设站单位	建站时间
1	厦门大学福建龙岩函授站	龙岩市中华会计函授学校龙岩分校	1995.5
2	厦门大学新疆乌鲁木齐函授站	新疆乌鲁木齐高新技术开发区教育中心	1995.5
3	厦门大学云南函授站	云南省银行投资学校	1995
4	厦门大学浙江温州函授站	温州大学经济与行政管理系	1997.12
5	厦门大学湖南函授站	湖南省银行学校	1997

续表

序号	函授站名称	设站单位	建站时间
6	厦门大学江西函授站	江西省科技干部培训中心	1998.11.8
7	厦门大学浙江函授站	杭州金融管理干部学院	1999.12
8	厦门大学深圳函授站	深圳市经理进修学院	2000
9	厦门大学江西上饶英才学校函授站	江西上饶英才学校	2001.11.23
10	福建省宁德市业余大学函授站	福建省宁德市业余大学	2002.9
11	厦门大学广州市财贸管理干部学院函授站	广州市财贸管理干部学院	2002.10

附表 6　干部专修科举办专业一览表

序号	专业	办学单位	学制(年)	层次
1	文化宣传	法律系	学制不详	专科
2	政治历史	历史系	学制不详	专科
3	行政管理学	政治学系	2	专科
4	党政干部基础	哲学系	1.5 或 2	专科
5	政法	法律系	2	专科
6	对外宣传	中文系	2	专科
7	会计审计	会计系	2	专科
8	人口	经济系	2	专科
9	财税	财金系	2	专科
10	社会工作与管理	哲学系	2	专科

附表 7 厦门大学自学考试历年新增主考专业一览表

序号	年度	自学考试主考专业	学历层次
1	1986	党政、法律、计算机应用、经济类	专科
2	1987	计算机及应用、党政、法律、会计、金融、财政、农村、金融、法律	专科
3	1989	法律、党政干部基础、计算机及应用	专科
4	1993	市场营销学	专科
5	1995	国际商务	专科
6	1996	工业工程	本科
7	1997	广告学、计算机网络、计算机信息管理	本科
8	1998	计算机网络与通信	专科
		通信工程	本科
9	2000	电子商务、工业工程	本科
10	2001	生物工程与生物信息管理、旅游管理	本科
		实用生物技术	专科
11	2002	计算机网络、社会工作与管理	专科
		社会工作与管理、财税、新闻学	本科
12	2003	园艺(观赏园艺)、英语(外贸英语方向)	专科
		电子商务、投资决策分析	本科
13	2005	项目管理	本科

附表 8 成人脱产开设专业一览表

序号	专业名称	学历层次
1	国际经济与贸易	本科
2	计算机科学与技术	本科
3	党政干部基础理论	专科

续表

序号	专业名称	学历层次
4	电子技术与计算机	专科
5	电子技术与计算机应用	专科
6	会计电算化	专科
7	机电一体化	专科
8	计算机及应用	专科
9	计算机网络管理及应用	专科
10	计算机网络与控制	专科
11	计算机与自动化管理	专科
12	金融学	专科
13	经济法	专科
14	涉外会计	专科
15	市场营销	专科
16	投资经济	专科
17	投资与房地产	专科
18	现代经济管理	专科
19	信息管理与信息系统	专科
20	英语	专科

附表 9　专业证书开设专业一览表

序号	专业	办学单位
1	人口学	经济系
2	金融	财金系
3	政工	中文系

续表

序号	专业	办学单位
4	法律（林业）	法律系
5	行政管理	政治学系
6	乡镇企业经济管理	经济系
7	行政管理学	政治学系
8	现代经济管理	数学系
9	法律(检察)	法律系
10	法律	法律系
11	税务	财金系

附表 10　职业教育 1999—2007 年招生情况统计表（单位：人）

学历层次	专业名称	2007	2006	2005	2004	2003	2002	2001	2000	1999
专科（三年制）	计算机应用与维护	—	—	—	—	—	—	40	64	59
	应用电子技术	—	—	—	—	—	—	—	73	41
	通信与技术	—	—	—	—	—	44	41	—	56
	建筑材料与塑胶加工	—	—	—	—	—	—	34	43	36
	旅游管理	—	—	—	—	—	—	48	83	50
	飞机维修工程	—	—	34	39	57	40	44	51	—
	空中乘务	—	—	—	—	—	—	26	33	—
	电子商务	—	—	—	—	—	56	44	—	—
	法律	—	—	—	—	—	—	—	—	83
	高级护理	—	—	—	—	—	36	—	—	—
	航空机电设备维修	—	42	—	—	—	—	—	—	—

续表

学历层次	专业名称	2007	2006	2005	2004	2003	2002	2001	2000	1999
师资本科(五年制)	会计学	—	—	—	—	—	50	66	—	—
	电子信息科学技术	—	—	—	—	—	51	14	—	—
	计算机科学与技术	—	—	—	—	—	50	—	—	—
	网络经济学	—	—	—	40	64	—	—	—	—
	电子信息工程	—	—	—	41	59	—	—	—	—
	旅游管理	—	—	—	37	—	—	—	—	—
专升本(二年制)	电子信息科学技术	—	—	—	—	48	45	—	—	—
	计算机科学与技术	—	—	—	—	66	48	—	—	—
	材料科学与工程	—	—	—	—	41	28	—	—	—
	旅游管理	1	2	—	9	73	51	—	—	—
	法学	—	—	—	—	—	104	—	—	—
	飞机维修工程	—	—	—	—	18	—	—	—	—
	行政管理	—	—	17	—	—	—	—	—	—
合计		1	44	51	166	426	603	357	347	325

附表 11 网络教育开设专业一览表

序号	专业名称	学习形式	学历层次
1	法律事务	网络教育	专科
2	国际经济与贸易	网络教育	专科
3	护理	网络教育	专科
4	工商企业管理	网络教育	专科
5	建筑工程技术	网络教育	专科
6	会计	网络教育	专科

续表

序号	专业名称	学习形式	学历层次
7	财政学	网络教育	本科
8	电子商务	网络教育	本科
9	会计学	网络教育	本科
10	社会管理	网络教育	本科
11	社会学	网络教育	本科
12	网络经济学	网络教育	本科
13	国际经济与贸易	网络教育	本科
14	工商管理	网络教育	本科
15	财政学(含税务、财务)	网络教育	专升本
16	法学	网络教育	专升本
17	工商管理	网络教育	专升本
18	国际经济与贸易	网络教育	专升本
19	护理学	网络教育	专升本
20	金融学	网络教育	专升本
21	经济学	网络教育	专升本
22	人力资源管理	网络教育	专升本
23	市场营销	网络教育	专升本
24	土木工程	网络教育	专升本
25	物流管理	网络教育	专升本
26	项目管理	网络教育	专升本
27	计算机科学与技术	网络教育	专升本
28	药学	网络教育	专升本

附表 12　厦门大学远程教育校外学习中心一览表

序号	校外学习中心全称	所在地区	依托单位名称	审批通过时间	批准文号	备注
1	厦门学习中心	福建省	厦门大学	2001.1.5	教高厅〔2001〕1号	—
2	漳州(师大)学习中心	福建省	闽南师范大学	2002.5.21	闽教高〔2002〕38号	—
3	泉州(师院)学习中心	福建省	泉州师范学院	2002.5.21	闽教高〔2002〕38号	—
4	三明学习中心	福建省	三明学院	2002.5.21	闽教高〔2002〕38号	—
5	莆田学院	福建省	莆田学院	2002.5.21	闽教高〔2002〕38号	—
6	龙岩学习中心	福建省	闽西职业技术学院	2002.5.21	闽教高〔2002〕38号	—
7	福建工程学院	福建省	福建工程学院	2002.5.21	闽教高〔2002〕38号	—
8	宁德师范高等专科学校	福建省	宁德师范高等专科学校	2002.5.21	闽教高〔2002〕38号	—
9	福建政法管理干部学院	福建省	福建政法管理干部学院	2002.5.21	闽教高〔2002〕38号	—
10	中州大学	河南省	中州大学	2002.5.23	教高〔2002〕239号	—
11	温州大学	浙江省	温州大学	2002.7.10	浙教高教〔2002〕152号	—

续表

序号	校外学习中心全称	所在地区	依托单位名称	审批通过时间	批准文号	备注
12	厦门大学网络教育江西应用技术学院教学站	江西省	江西应用技术职业学院	2002.12.10	赣教远程核字〔2002〕27号	—
13	厦门大学网络教育山东纺织职业学院教学站	山东省	山东科技职业学院	2003.5.12	鲁教电处函〔2003〕39号	—
14	湖南大众传媒职业技术学院	湖南省	湖南大众传媒职业技术学院	2004.1.7	湘教通〔2004〕4号	—
15	汕头学习中心	广东省	汕头市林百欣科学技术中等专业学校	2004.7.28	粤教规〔2004〕141号	—
16	深圳学习中心	广东省	厦门大学深圳研究院	2004.7.28	粤教规〔2004〕141号	—
17	广东科学技术职业学院	广东省	广东科学技术职业学院	2004.7.28	粤教规〔2004〕141号	—
18	南昌工程学院	江西省	南昌工程学院	2006.11.15	赣教远程核字〔2006〕91号	—
19	厦门大学继续教育与职业教育学院重庆学习中心	重庆市	重庆青年职业技术学院	2008.3.7	渝教高〔2008〕11号	—

续表

序号	校外学习中心全称	所在地区	依托单位名称	审批通过时间	批准文号	备注
20	福州学习中心	福建省	福建八闽通信人才交流服务中心	2009.8.17	闽教高〔2009〕106号	—
21	莆田市职工中等专业学校	福建省	莆田市职工中专学校	2011.5.26	闽教高〔2011〕41号	—
22	南平学习中心	福建省	南平市武夷旅游商贸学校	2011.5.26	闽教高〔2011〕36号	—
23	厦门大学网络教育江西太阳能科技职业学院学习中心	江西省	江西太阳能科技职业学院	2011.5.30	赣教远程核字〔2010〕216号	—
24	昆明学习中心	云南省	昆明中人职业技能培训学校	2012.2.8	云教高〔2012〕10号	—
25	泉州(科培)学习中心	福建省	泉州市科技培训中心	2012.5.15	闽教高〔2012〕60号	—
26	北京学习中心	北京市	北京信息职业技术学院	2012.11.12	京教函〔2012〕622号	—
27	乌鲁木齐学习中心	新疆维吾尔自治区	新疆维吾尔自治区MBA企业家协会	2013.5.20	新教函〔2013〕62号	—
28	广西广播电视大学	广西壮族自治区	广西广播电视大学	2013.5.15	桂教高教〔2013〕39号	—

续表

序号	校外学习中心全称	所在地区	依托单位名称	审批通过时间	批准文号	备注
29	漳州(中山)学习中心	福建省	漳州市中山学校	2013.8.2	闽教高〔2013〕89号	—
30	泉州(海峡)学习中心	福建省	中国海峡人才市场	2013.8.2	闽教高〔2013〕90号	—
31	南昌学习中心	江西省	江西农业大学	2013.9.30	赣教远程核字〔2013〕262号	—
32	厦门大学深圳市龙岗区金未来教育培训中心网络教育学习中心	广东省	深圳市龙岗区金未来教育培训中心	2019.5.21	—	—
33	厦门大学杭州下城区天汇培训学校网络教育学习中心	浙江省	杭州下城区天汇培训学校	2019.5.23	—	—
34	厦门大学宁波市海曙区华宇教育培训学校网络教育学习中心	浙江省	宁波市海曙区华宇教育培训学校	2019.5.23	—	—
35	厦门大学太原市山西兴业工商专修学院网络教育学习中心	山西省	山西兴业工商专修学院	2019.5.24	—	—

续表

序号	校外学习中心全称	所在地区	依托单位名称	审批通过时间	批准文号	备注
36	厦门大学合肥步步高培训学校网络教育学习中心	安徽省	合肥步步高培训学校	2019.9.4	—	—
37	厦门大学安徽广播电视大学网络教育学习中心	安徽省	安徽广播电视大学	2019.9.5	—	—
38	厦门大学上海闵行区亿时代进修学院网络教育学习中心	上海市	上海闵行区亿时代进修学院	2019.9.10	—	—
39	厦门大学广州海珠区名鼎教育培训中心有限公司网络教育学习中心	广东省	广州海珠区名鼎教育培训中心有限公司	2019.11.29	—	—
40	厦门大学清远市长江职业技术学校网络教育学习中心	广东省	清远市长江职业技术学校	2019.11.29	—	—
41	厦门大学衡阳市石鼓区誉英培训学校网络教育学习中心	湖南省	衡阳市石鼓区誉英培训学校	2019.11.22	—	—

续表

序号	校外学习中心全称	所在地区	依托单位名称	审批通过时间	批准文号	备注
42	厦门大学宁乡市百舸教育培训学校网络教育学习中心	湖南省	宁乡市百舸教育培训学校	2019.11.22	—	—
43	厦门大学岳阳市易成成人教育中心网络教育学习中心	湖南省	岳阳市易成成人教育中心	2019.11.22	—	—
44	厦门大学福州市仓山区聚英培训中心有限公司网络教育学习中心	福建省	福州市仓山区聚英培训中心有限公司	2020.2.13	闽教职成〔2020〕6号	—
45	厦门大学福州市仓山区逾越教育培训学校网络教育学习中心	福建省	福州市仓山区逾越教育培训学校	2020.2.13	闽教职成〔2020〕6号	—
46	厦门大学宁德市蕉城区致远职业技能培训学校网络教育学习中心	福建省	宁德市蕉城区致远职业技能培训学校	2020.2.13	闽教职成〔2020〕6号	—

续表

序号	校外学习中心全称	所在地区	依托单位名称	审批通过时间	批准文号	备注
47	厦门大学永安市博文文化教育培训学校网络教育学习中心	福建省	永安市博文文化教育培训学校	2020.2.13	闽教职成〔2020〕6号	—
48	厦门大学莆田市民办教育协会网络教育学习中心	福建省	莆田市民办教育协会	2020.2.13	闽教职成〔2020〕6号	—
49	厦门大学南昌向远轨道技术学校网络教育学习中心	江西省	南昌向远轨道技术学院	2020.9.24	—	—
50	厦门大学分宜县职业技术学校网络教育学习中心	江西省	分宜县职业技术学校	2020.11.30	—	—
51	弘成杭州数字化学习示范中心	浙江省	弘成科技发展有限公司杭州分公司	2007.2.9	教高厅函〔2007〕12号	公共服务体系
52	弘成台州数字化学习示范中心	浙江省	弘成科技发展有限公司台州分公司	2007.2.9	教高厅函〔2007〕12号	公共服务体系
53	弘成温州数字化学习示范中心	浙江省	弘成科技发展有限公司温州分公司	2007.2.9	教高厅函〔2007〕12号	公共服务体系

续表

序号	校外学习中心全称	所在地区	依托单位名称	审批通过时间	批准文号	备注
54	弘成宁波数字化学习示范中心	浙江省	弘成科技发展有限公司宁波分公司	2007.2.9	教高厅函〔2007〕12号	公共服务体系
55	弘成嘉兴数字化学习示范中心	浙江省	弘成科技发展有限公司嘉兴分公司	2007.2.9	教高厅函〔2007〕12号	公共服务体系
56	弘成绍兴数字化学习示范中心	浙江省	弘成科技发展有限公司绍兴分公司	2007.2.9	教高厅函〔2007〕12号	公共服务体系
57	弘成衢州数字化学习示范中心	浙江省	弘成科技发展有限公司衢州分公司	2007.2.9	教高厅函〔2007〕12号	公共服务体系
58	弘成金华数字化学习示范中心	浙江省	弘成科技发展有限公司金华分公司	2007.2.9	教高厅函〔2007〕12号	公共服务体系
59	弘成湖州数字化学习示范中心	浙江省	弘成科技发展有限公司湖州分公司	2007.2.9	教高厅函〔2007〕12号	公共服务体系
60	弘成丽水数字化学习示范中心	浙江省	弘成科技发展有限公司	2007.2.9	教高厅函〔2007〕12号	公共服务体系
61	弘成徐州数字化学习中心	江苏省	弘成科技发展有限公司徐州分公司	2008.2.3	苏教高函〔2008〕4号	公共服务体系

续表

序号	校外学习中心全称	所在地区	依托单位名称	审批通过时间	批准文号	备注
62	弘成南京数字化学习中心	江苏省	弘成科技发展有限公司南京分公司	2008.2.3	苏教高函〔2008〕4号	公共服务体系
63	弘成苏州数字化学习中心	江苏省	弘成科技发展有限公司苏州分公司	2008.2.3	苏教高函〔2008〕4号	公共服务体系
64	弘成常州数字化学习中心	江苏省	弘成科技发展有限公司常州分公司	2008.2.3	苏教高函〔2008〕4号	公共服务体系
65	弘成宿迁数字化学习示范中心	江苏省	弘成科技发展有限公司宿迁分公司	2009.6.11	苏教高〔2009〕24号	公共服务体系
66	弘成盐城数字化学习示范中心	江苏省	弘成科技发展有限公司盐城分公司	2009.6.11	苏教高〔2009〕24号	公共服务体系
67	弘成淮安数字化学习示范中心	江苏省	弘成科技发展有限公司淮安分公司	2009.6.11	苏教高〔2009〕24号	公共服务体系
68	弘成连云港数字化学习示范中心	江苏省	弘成科技发展有限公司连云港分公司	2009.6.11	苏教高〔2009〕24号	公共服务体系
69	弘成扬州数字化学习中心	江苏省	弘成科技发展有限公司扬州分公司	2009.6.11	苏教高〔2009〕24号	公共服务体系

续表

序号	校外学习中心全称	所在地区	依托单位名称	审批通过时间	批准文号	备注
70	弘成泰州远程教育学习中心	江苏省	弘成科技发展有限公司泰州分公司	2009.6.11	苏教高〔2009〕24号	公共服务体系
71	弘成南昌学习中心	江西省	弘成科技发展有限公司南昌分公司	2009.12.18	赣教远程核字〔2009〕27号	公共服务体系
72	弘成北京数字化学习示范中心	北京市	弘成科技发展有限公司北京分公司	2010.5.21	京教函〔2010〕284号	公共服务体系
73	弘成无锡数字化学习中心	江苏省	弘成科技发展有限公司无锡分公司	2010.6.21	苏教高〔2010〕22号	公共服务体系
74	弘成镇江数字化学习中心	江苏省	弘成科技发展有限公司镇江分公司	2010.6.21	苏教高〔2010〕22号	公共服务体系
75	弘成上海数字化学习中心	上海市	弘成科技发展有限公司上海分公司	2010.7.24	沪教委高〔2010〕52号	公共服务体系
76	弘成学苑芜湖数字化学习中心	安徽省	北京弘成学苑科技发展有限公司芜湖分公司	2016.3.15	备案文件无文号	公共服务体系

续表

序号	校外学习中心全称	所在地区	依托单位名称	审批通过时间	批准文号	备注
77	弘成学苑滁州数字化学习中心	安徽省	北京弘成学苑科技发展有限公司滁州分公司	2016.3.15	—	公共服务体系
78	弘成学苑马鞍山数字化学习中心	安徽省	北京弘成学苑科技发展有限公司马鞍山分公司	2016.3.15	—	公共服务体系
79	弘成长沙数字化学习中心	湖南省	弘成科技发展有限公司	2016.6.21	—	公共服务体系

注:表中“审批通过时间”为各学习中心在网考委网络监管平台备案时填报的当地教育主管部门审批或备案通过的时间。

附表13　学院非学历高端培训课程模块

模块一 时事热点与政治视野	模块二 经济形势与经济政策
模块三 公共管理与政府治理	模块四 社会管理与社会发展
模块五 党性修养与勤政廉政	模块六 新农村建设和精准扶贫
模块七 城乡统筹和城镇化建设	模块八 文化创意与文化产业
模块九 企业经营与战略运筹	模块十 管理思想与领导艺术
模块十一 司法改革与法制建设	模块十二 资本运营与风险管理
模块十三 国学智慧与管理精华	模块十四 自我管理与素养提升
模块十五 公共财政与税制创新	模块十六 教育管理与教师素养
模块十七 卓越女性与领导魅力	模块十八 移动课堂

附表 14　学院非学历高端培训历年办班数据

年份	培训班级数	培训人数	培训费(万元)
2005 年	1	50	17.50
2006 年	3	160	63.79
2007 年	5	244	29.00
2008 年	12	666	120.00
2009 年	28	1061	342.50
2010 年	33	1419	361.00
2011 年	62	3115	667.58
2012 年	89	4302	887.97
2013 年	102	4759	1174.00
2014 年	98	4890	1083.68
2015 年	140	7582	1673.92
2016 年	155	8553	1891.10
2017 年	170	9415	2201.20
2018 年	187	9839	2342.49
2019 年	225	11684	2795.00

附表 15　学院承办西部地区培训班数据

年份	培训班级数	培训人数
2011 年	14	855
2012 年	25	1249
2013 年	25	1293
2014 年	18	1041
2015 年	37	2052

续表

年份	培训班级数	培训人数
2016 年	55	3157
2017 年	72	4202
2018 年	73	3794
2019 年	71	3512

附表 16　学院承办对口扶贫干部培训班数据

序号	立项号	项目名称	委托单位	实际项目起止时间	培训人数
1	19217227	隆德县“不忘初心、牢记使命”主题教育闽宁协作志愿者培训班	隆德县希望公益服务中心	2019.12.20—2019.12.26	32
2	19217064	隆德县人大干部履职能力提升培训班	隆德县人大	2019.5.26—2019.6.1	39
3	18217171	隆德县政协委员履职能力提升培训班	隆德县政协	2019.7.7—2019.7.13	44
4	19217209	隆德县非公有制经济组织党务工作者和企业经营管理人才培训班	隆德县委组织部	2019.12.4—2019.12.8	46
5	18217085	西藏民族大学教师培训班	西藏民族大学	2018.7.11—2018.7.15	40
6	18217029	隆德法院司法能力提升培训班(第二期)	隆德县人民法院	2018.4.16—2018.4.20	47

续表

序号	立项号	项目名称	委托单位	实际项目起止时间	培训人数
7	18217025	隆德法院司法能力提升培训班(第一期)	隆德县人民法院	2018.4.8—2018.4.12	30
8	18217023	隆德县农村“两个带头人”能力素质提升示范培训班	中共隆德县委组织部	2018.4.2—2018.4.6	59
9	18217001	隆德县卫计系统第三期培训班	隆德县卫生和计划生育局	2018.1.8—2018.1.12	60
10	17217168	隆德县妇联、共青团系统干部能力素质提升培训班	隆德县妇联、团县委	2017.12.25—2017.12.28	55
11	17217098	隆德县2017年中小学幼儿园管理者培训班	隆德县政府	2017.8.13—2017.8.14	50
12	17217044	隆德县农村“两个带头人”和非公经济人士能力素质提升示范培训班	中共隆德县委组织部	2017.5.27—2017.6.1	59

附表 17 三分屏课件列表

序号	课程名称	序号	课程名称
1	结构抗震	24	投资银行学
2	外科护理学	25	国际经济法
3	国际经济学	26	病理学
4	混凝土结构	27	企业税收筹划
5	儿科护理学	28	项目管理软件
6	企业战略管理	29	财务分析
7	妇产科护理学	30	急救护理学
8	消费者行为学	31	护理心理学
9	病理生理学	32	经济法
10	老年护理学	33	市场调研
11	临床营养学	34	知识产权法
12	国际商务管理	35	人力资源管理
13	国际企业管理	36	经济学原理
14	高层建筑结构	37	企业投资管理
15	内科护理学	38	钢结构
16	电算化会计	39	本科论文指导
17	工程经济与管理	40	成本会计
18	电子商务	41	医学免疫学
19	项目管理案例分析	42	金融工程
20	道路与桥梁工程	43	社区护理学
21	商法	44	房屋建筑学
22	国际商法	45	国际投资
23	沟通技巧	46	医学统计学

续表

序号	课程名称	序号	课程名称
47	高级财务会计	70	混凝土结构(上)
48	行政法	71	企业财务会计(下)
49	运作管理	72	企业理财学
50	管理会计	73	生物化学
51	土木工程施工	74	商业银行学
52	护理科研设计	75	护理管理学
53	税法	76	物权法
54	岩土工程	77	项目风险管理
55	保险学	78	市场营销学
56	护理学基础	79	民事诉讼法
57	项目管理法规	80	结构力学
58	项目论证与评估	81	细胞生物学
59	统计学原理	82	刑法学(下)
60	刑事诉讼法	83	土力学地基基础
61	宏观经济学	84	项目成本管理
62	审计学	85	项目质量管理
63	药理学	86	中级财务会计
64	项目时间管理	87	护理学导论
65	组织行为学	88	生理学
66	世界经济概论	89	刑法学(上)
67	现代化管理方法	90	项目范围管理
68	国际贸易实务	91	经济数学基础(下)
69	国际金融	92	人体解剖学

续表

序号	课程名称	序号	课程名称
93	管理信息系统	115	会计学原理
94	中国对外贸易概论	116	大学语文
95	微观经济学	117	基础英语 2
96	财政学原理	118	毛泽东思想概论
97	债权法	119	英语 1
98	管理学原理	120	管理经济学
99	国际公法	121	财务管理
100	金融学	122	民法总论
101	企业财务会计(上)	123	政治经济学
102	英语 2	124	工程制图
103	项目管理学	125	高等数学(上)
104	国际结算	126	宪法学
105	管理数量方法	127	工程测量
106	西方经济学	128	法律文书
107	国际贸易理论与政策	129	工程力学
108	国际商务英语写作	130	高等数学(下)
109	经济数学基础(上)	131	建筑材料
110	计算机应用基础	132	桥梁工程基础
111	投资学	133	婚姻家庭法
112	线性代数	134	法理学
113	国际经济合作	135	国际法
114	基础英语 1	136	行政法与行政诉讼法

附表18 高清大屏直拍模式网络课程列表

序号	课程名称	序号	课程名称
1	国际市场营销	27	生物药剂学与药物动力学
2	施工技术与管理	28	药事管理与法规
3	钢结构原理与设计	29	药物分析学
4	工程项目管理	30	药物化学
5	刑事诉讼法	31	有机化学
6	中国法制史	32	职业生涯规划
7	电子商务	33	C语言
8	国际经济合作	34	电子线路基础
9	文学经典欣赏	35	工程力学
10	毕业论文写作指南(法学)	36	国际经济法
11	毕业论文写作指南(工商管理)	37	国际商务
12	毕业论文写作指南(国际经济与贸易)	38	宏观经济学
13	毕业论文写作指南(护理学)	39	临床药物治疗学
14	毕业论文写作指南(会计学)	40	民法总论
15	毕业论文写作指南(金融学)	41	毕业论文写作指南(药学)
16	毕业论文写作指南(人力资源管理)	42	财务管理
17	毕业论文写作指南(市场营销)	43	高层建筑结构
18	毕业论文写作指南(土木工程)	44	管理会计
19	毕业论文写作指南(项目管理)	45	行政法
20	宏观经济学	46	会计信息系统
21	绩效管理	47	企业理财学
22	培训与开发管理	48	土力学地基基础
23	人力资源招聘与录用	49	微观经济学
24	人员素质评测	50	管理信息系统
25	薪酬管理	51	国际企业管理
26	药剂学	—	—

附表 19　虚拟讲堂模式网络课程列表

序号	课程名称	序号	课程名称
1	新生入学教育	9	计算机组成原理
2	天然药物化学	10	毛泽东思想和中国特色社会主义理论体系概论
3	线性代数	11	网站前端开发
4	政治经济学	12	IT 项目管理
5	商法	13	Java 语言与面向对象程序设计
6	生药学	14	Web 程序设计
7	Matlab 程序设计与应用	15	数据结构
8	计算机应用基础		

附表 20　移动版网络课程

序号	课程名称	序号	课程名称
1	线性代数	11	论文写作指南(护理学)
2	政治经济学	12	论文写作指南(国际经济与贸易)
3	计算机组成原理	13	Matlab 程序设计与应用
4	论文写作指南(项目管理)	14	论文写作指南(会计学)
5	论文写作指南(金融学)	15	论文写作指南(人力资源管理)
6	商法	16	天然药物化学
7	论文写作指南(法学)	17	线性代数
8	论文写作指南(土木工程)	18	生药学
9	论文写作指南(工商管理)	19	生物药剂学与药物动力学
10	论文写作指南(市场营销)	20	论文写作指南(药学)

续表

序号	课程名称	序号	课程名称
21	新生入学教育	28	Web 程序设计
22	国际企业管理	29	网站前端开发
23	管理信息系统	30	数据结构
24	文学经典欣赏	31	IT 项目管理
25	C 语言	32	Java 语言与面向对象程序设计
26	电子线路基础	33	药剂学
27	有机化学	—	—

附表 21 微课列表

序号	微课系列名称	微课名称
1	走近厦大历史与文化	导学
		陈嘉庚:为什么创办厦大
		林文庆:止于至善的大学理想
		萨本栋:大学认同的建构者
		文化符号漫谈
		走近厦大历史与文化的意义

续表

序号	微课系列名称	微课名称
2	《中国居民膳食指南(2016)》解读	《中国居民膳食指南(2016)》简介
		一般人群膳食指南——食物多样,谷类为主
		一般人群膳食指南——吃动平衡,健康体重
		一般人群膳食指南——多吃蔬果、奶类、大豆
		一般人群膳食指南——适量吃鱼、禽、蛋、瘦肉
		一般人群膳食指南——少盐少油,控糖限酒
		一般人群膳食指南——杜绝浪费,兴新食尚
		特殊人群膳食指南——中国孕妇、乳母膳食指南
		特殊人群膳食指南——中国婴幼儿、学龄儿童、老年人膳食指南
		特殊人群膳食指南——素食人群膳食指南
		平衡膳食搭配指导
3	法学	道德面前,法律何为?
		动物权利
		司法官与历史家
		呈请立案报告书
		立案报告写作方案
4	医学/护理	PICC置管与护理
		不孕症妇女的护理
		糖尿病饮食治疗
		心肺复苏
		新生儿呼吸窘迫综合征的病因及发病机制
		新生儿呼吸窘迫综合征的诊治
		子宫内膜异位症护理

续表

序号	微课系列名称	微课名称
5	平衡膳食	平衡膳食 1
		平衡膳食 2
6	艺术	色环的意义
7	画面与乐声	画面与乐声 1
		画面与乐声 2
		画面与乐声 3
		画面与乐声 4
8	博弈论	博弈 1(重复博弈)
		博弈 2(斗鸡博弈)
		博弈 3(枪手博弈)
9	广告学	市场细分
		市场定位
		USP 理论
10	股市趋势技术分析	股票趋势技术分析 1
		股票趋势技术分析 2
		股票趋势技术分析 3
11	经济学	蝴蝶效应
		口红效应
		皮格马利翁效应
		牛鞭效应
		柠檬效应
12	电子商务	微商靠谱吗?
		P2P 小额信贷
		电子新方向 O2O

后 记

为向厦门大学百年华诞献礼，继续教育学院自2019年4月接到百年院系史编撰任务后，迅速成立工作组、广泛动员学院师生员工，赴档案馆、图书馆、人事处翻阅资料，向广大校友、离退休干部征集意见……在学校领导的关心和指导下，经过多方努力，前后易稿32次、校对8次，这本《厦门大学百年院系史·继续教育学院》终于如期付梓。

本书既是厦门大学社会服务性质教育发展历程的总结与回望，也是我国社会教育办学逐步成型并取得长足发展的历史见证。它承载了我校一代代教育工作者在百年办学历程中始终坚持服务社会的教育初心，凝结着每一位继续教育工作者致力于为社会培养应用型人才的奋斗记忆。我们本着实事求是的原则，力求全面客观地反映建校100年来继续教育事业发展的全貌，几经考证、不断求索，将厦门大学继续教育的起点从20世纪60年代追溯至1926年学校为推广平民教育而举办的一所"平民学校"。尽管如此，由于时间跨度较长，资料的缺失，造成部分事项的空白与内容的模糊。同时，由于编者水平能力有限，本书疏漏、欠妥之处在所难免，望广大老师和校友多加包涵，并给予批评指正。

本书第一部分"历史的脚步"、第二部分"党政管理"，及附录中的"学院大事记"由李舟洁主笔，第三部分"办学发展"、第四部分"办学成果"由李金水、廖雪洁主笔，第五部分"课程资源建设"由杨建铸、郑晓霞主笔，第六部分"院友撷英"由郭曾擎主笔。李舟洁负责全书的统稿，以及文字修订与结构调整等工作。

在编写过程中，我们获得了学校档案馆、图书馆、人事处等单位诸多同事和离退休老干部的大力支持和帮助，谨致以衷心的感谢：感谢厦门大学百年院系史审稿专家在审阅全文的过程中提供许多宝贵意见；感谢郑文礼、杨鸿飞老师在篇目、体例的安排上给予悉心指导与帮助；感谢吴幼勤、宋军、陈彦威、林振福、林祥斌等离退休老干部在还原历史原貌、完善院史内容上做重要补充；感谢王华敏、牛令吉、厉旭光、卢幼平、吕凤楠、庄耿聪、孙锦水、纪智坡、苏玉梅、李怡雄、杨丽华、肖佳、张元荣、张裕乾、陈巧、陈冬灿、陈舒婷、周伟城、赵丹丹、施当波、姚远、黄佳程等老师在资料搜集、文稿校对工作中付出的辛劳。此外，感谢各学习中心相关老师在材料收集上提供的支持；感谢厦门大学出版社对本书顺利出版所给予的帮助。

凡是过往，皆为序章。回首厦大百年历史，“服务社会”的种子早已深深根植于这所“南方之强”的办学土壤里。展望继续教育未来的发展，我们必将自强不息、止于至善，在厦门大学“新百年”启航之际，扬帆奋进、砥砺前行。

本书编委会

二〇二〇年十二月